天下文化
BELIEVE IN READING

星雲大師的身教與言教

——弟子如是說

高希均、王力行 策畫
依空法師 主編

目錄

緣起

依空法師　佛光山文化院院長

師父圓寂了，如夢如幻，那麼不真實，但是他真的走了！

二〇二三年二月五日，上午九點，我和師兄慈莊法師，還有覺培法師三人，到長庚醫院加護病房去探望師父。師父意識清楚，聽到我們的聲音，眼睛睜開，口不能語，手不斷向空中抓取，好似要叮囑什麼？事先告訴自己不能哭，不聽話的眼淚已潸然如雨下。這一見，是五十年師徒的最後一面，要再相見，要等待阿僧祇劫的殊勝因緣。

下午四點多，師父坐著車回到了佛光山開山寮。下午五點，同行的醫生告訴我們：「師父圓寂了！」早在十年前，您發表了〈真誠的告白〉，就告訴我們說：「我準備好了，你們準備好了嗎？」我們永遠也無法準備好接受這天的到來。您像熟睡般端坐在舍利龕中，就像您平時倚靠在椅子上假寐一樣安詳。當圓形的頂蓋嵌合桶身時，我驀然驚覺從此再也無法面對面向您請益，因為您已證入無餘涅槃的甚深禪定之中。

於是各界的讚頌、緬懷、追思如潮水般湧來，文化界以專書來報導您的菩薩行誼。三月十一日，和您有三十多年情誼的方外知交高希均教授、王力行發行人，率領遠見．天下文化事業群的同仁，為您舉辦了「星雲大師的光輝紀念茶會」，邀請了趙怡總會長、沈春華真善美媒體得獎人，以及弟子依空、滿謙、覺培我們三人，從不同角度來話說師父的種種。高教授甚有「遠見」，要我們把語言的敘述，轉化成文字的記錄，以享十方的讀者親炙師父的身教與言教。

師父一向教導我們要集體創作，況且三月十四日，我們即將有羅馬梵諦岡之行，心保和尚將率領大家去進行佛教與天主教的宗教交流。面對天下文化三月底的截稿日期，一個人在時間如此緊迫、行程如此緊湊，主要是師父的成就貢獻是多方面的，如果靠一個人來撰寫師父的一生，實在如以蠡測海，無法觀其全貌。我們決定邀請佛光山五大洲的眾弟子，和師父各有獨一無二的因緣，而且必須是快筆的人來撰稿，以解燃眉之急。隨緣地邀請了三十人，每個人都放下手邊的繁重工作，從歐洲、加拿大、印度、日本、馬來西亞、菲律賓、大陸、台灣等各地，如期地交稿。更有人躺在醫院動手術，忍著傷口的痛奮筆疾書，只為了表達對師父的深深孺慕之情！

三十人，不是特定的數字，佛光山一千多位弟子，每個人和師父都有特殊的因緣，每個人一定私藏有許多和師父的精采公案和故事。希望這本書能夠拋磚引玉，今後能夠有更多闡述師父的書籍出版。這本書倉促之間完成，不管文采如何，每個人都「人真、情真、文真」，真摯真誠地呈現一位大師的偉大典範！是為序！

以大師的精神為依靠

心保和尚　佛光山住持

心保

大師一生倡導「人間佛教」，有人不解：「佛教就佛教，為什麼還要加個『人間』？」大師說：「人間佛教就是佛教」，佛陀的教化是「為了解決人間的問題」、「為了增加人間的幸福安樂」。所以，佛教是具有「人間性」的佛教，是與人的生活息息相關的佛教。

可惜佛教在歷史流傳的過程中，受到時空環境等因素影響，許多佛法道理受到扭曲、誤解，背離了佛陀的原意，與人的生活脫節，失去了人間性，令一些有心想要學佛的人敬而遠之，已經學佛的人也不一定能把握到要領。因此，大師一生矢志於要對佛法做出新的解釋，俾使佛法真理還原，讓信徒大眾都能明白佛心佛意。一如他所說的：「我有一些新的解釋，不是創新佛教，也不是標新立異，只是想宣揚佛陀的本懷，讓人容易了解佛法。」大師對佛法的新解，是本於對眾生的慈悲，為了幫助眾生與佛陀「示、教、利、喜」的本懷相應，是以「人」為中心的人間佛教。

師父的大慈大悲大願心，可以從他一生落實的〈佛光人四句偈〉中得到驗證。

佛光四句偈，一開始就講到「慈悲喜捨遍法界」。慈悲要跟喜捨做結合，而且慈悲喜捨還要遍法界，不是說我們認識的人才對他慈悲，就像師父說他的密行就是「待人好」，無緣大慈，同體大悲。

師父強調的始終是「發菩提心」。雖然，師父給自己的人生劃分不同的階段，從宜蘭弘法所具有的超前和遠見，到南部開山建佛學院，他很清楚佛教應該要如何走、走向何方。這些都建立在他看出佛教的問題，對佛教發展的深切關心，進而產生要改變現狀的願心。

我們看師父「八十年如一日」的弘法生涯，「為了佛教」的信念支撐他為每一個眾生種下得度的因緣。在佛經中我們常常可以讀到，眾生得度的契機可能是小小的一個因緣，但對個人卻很重要。很多人一開始也有好因緣，但是並沒有堅持下去，根本原因就在於「為了自己」，而不是真正地發菩提心，無法堅持「無我」。

諸佛成就佛道，皆以利益眾生的願力，發菩提心，以大慈悲大智慧度無量無邊眾生。師父以菩提心發揚人間佛教，用善巧方便，說出簡易道理讓大眾明白甚深佛法，提倡「三好四給」，以身、口、意行布施、喜捨，種種度眾法門都與六度波羅蜜相應。

此外，師父在五大洲建立道場，讓大眾身心修行有依靠，要人人記住「我是佛」，不忘初心，發起阿耨多羅三藐三菩提心，成就佛道。所以我們都要一起努力成就師父「平安幸福照五洲」的願心。

師父一生所展現的精神力，清楚地告訴我們，如果真的了解菩提心，其實做什麼都可以。說到培養「菩提心」，曾有不少人討論關於大乘佛教不強調閉關，一直強調利他，而藏傳佛教強調「閉關」成為菩提心養成的基礎。事實上，了解「無我」，才可以談大乘佛教的菩提心，閉關對某些人而言有其必要性，根器不同，行持的方法不同，其實殊途同歸。

人間佛教一向是自利利他同時進行。自利後再去利他存在一個盲點，很多阿羅漢證得解脫，斷除了煩惱，成為最有條件證得菩薩的人，但是因為沒有發菩提心而無法與菩薩道相應，確實很可惜。另一方面，如果行菩薩道的人在利他的過程中並沒有自利，也會產生很大的煩惱，因此「自利利他」並行是必要的。師父說「利他就是自利」，以此來處理二者的關係，在利他的過程中需要精進提升，把自己忘掉，最終收穫的其實是自己。

就我個人而言，在接觸人間佛教以及師父的思想後，愈來愈能明白為何師父強調「我在眾中」的意涵。畢竟理念在實踐的過程不可能一帆風順，理想與現實也會有衝突，要應對這些衝突，務必要深入到大眾中，接觸大眾、了解大眾的苦惱，才能懂得並保有菩提心。

當然，經典的學習也很重要，用佛教的方向和目標提醒自己不迷失。行忍辱、精進，發菩提心，還有不斷地思惟，這數者交互並用，讓我們不斷堅持著這條道路。在思惟的過程中，要避免行持的缺乏，因此，在工作中要接人待物，認識不同的人，我們會感覺歡喜，也就是說動靜二者不可偏廢其一。在動的當下懂得要去的方向，在靜的當下也能歡喜結緣。在「自利利他」的處理上，並不是刻意的，而是要自然、自在，該做什麼就做什麼。

師父接受的是傳統佛教的教育，但是今天我們看到師父在世界弘法，準確地抓住了問題所在，才清楚佛教現代化應該怎麼走、怎麼改進。

師父雖然圓寂了，但是留給佛光弟子很多的因緣。做為弟子，我們更要精進、努力，延續我們人間佛教的宗風。不要因為懈怠、計較，而障礙弘法之路。

師父的一生，就是「為了佛教，發菩提心」，這也是我們佛光人最應效法師父的所在，若只是「為了自己」，是無法帶領佛教走出一條光輝發展之路。可以說，師父一生弘揚的人間佛教是廣闊的，是「發菩提心」的菩薩道！

大家可以慢慢思維，師父和我們說了什麼話，師父希望我們做什麼事？希望未來佛光山可以秉持「佛教第一，自己第二」的精神，一直努力地走下去。每個人修持的功課要正常，這需要自我覺醒，要做到為教爭光。

所謂「人間佛教」就是菩薩行，我們要感受到菩薩的願心、菩薩的力量，就像師父一樣「心懷度眾慈悲願」，這是我們要好好學習的。一般人常常為了自己的情緒，忘失自己的菩提心，所以在修行路上障礙重重、煩惱重重，無法在菩薩道大步向前，只能說非常可惜。

我們需要向師父學習的事情太多了，今後大家好好去思維師父所講的，仔細觀察他所做的，就是跟隨師父的言教、身教。

我們以佛法為依歸，以人間佛教、師父的精神為依靠，更要記著師父告訴我們的「做自己的貴人」，精進不輟。這樣無論是團體或個人，一定能夠在修行的路上長久、持續地走下去。

一座只能仰望的高山

依空法師

佛光山文化院院長

依空

《論語．子罕篇》中，孔子最優秀的學生顏回讚歎他的老師說：「仰之彌高，鑽之彌堅，瞻之在前，忽焉在後。」表示孔子的境界高山仰止，景行行止，無法臆度。〈里仁篇〉中，有學生問孔子的學問道德，曾子回答說：「夫子之道，忠恕而已矣！」

從一九七三年參加大專佛學夏令營，自覺地皈依佛教以來，親近師父倏忽已五十年了。愈親近他，師父愈像一座巍峨的高山，愈無法掌握他的形與貌。

師父一生閱歷太多的奇人妙事，一個人能在有限的數十寒暑，活出如此飽滿、睿智、欣怡、多彩的生命，本身就是讓人驚歎的奇人妙事，實在無法以二三言語來管窺、概括。

家人中，我並不是第一個皈依星雲大師的弟子，早在六十多年前，二姊、五姊就在宜蘭雷音寺皈依師父門下，法名分別為慈珊、慧莊。家中佛堂擺設有木魚、磬。小時候非常羨慕他們能用流利的閩南話背誦出〈普門品〉、大悲十小咒、《阿彌陀經》等經文，以悅耳悠揚的音聲吟唱各種佛讚。可能是如此的耳濡目染，多年後唱誦梵唄竟然成為我的本業、當行。五姊還差一點去壽山寺就讀第一屆佛學院。當我第一次上佛光山時，師父就說我們三姊妹是「有心栽花花不發，無心插柳柳成蔭」，我要把他們二人的菩提慧命也修成圓滿。

幼小時，台灣整個經濟尚未起飛，每年雷音寺的佛七是我們小孩子最盼望的節日，每晚七點半到佛堂乖乖唸二小時的佛號，聽佛教故事，然後等著甜甜軟軟的點心，有沙其瑪、素菜包子、壽桃，我最愛麵粉做的佛手。「欲令入佛智，先以欲鉤牽」，因緣不空過，上大學時，我就被這雙佛手接引進了佛光山。

回想一九七三年時，佛光山舉辦第五屆「大專佛學夏令營」，我把握千載一時的機緣，上山參加為期二星期的夏令營，接觸了正信、喜悅、充滿智慧的佛教僧團，從此決定了一生的方向。兩百位學員就是兩百顆菩提種子，灑向十方，如師父文中所言，許多的種子都已開花結果，在各自的領域福蔭眾生。在活動中，我們感受到師父對青年幾近縱容的重視與接納，滿山的龍眼、鳳梨，被我們這群蝗蟲似的莘莘學子，幾天內吃得精光，師父始終不減他的深深笑意。其實早在一九五六年，師父以而立之齡，就在財力、物力缺乏的情況下，在台北借別人的場地創辦大專佛學夏令營，接引知識青年學佛。沒有師父創辦的夏令營，大專青年不知走出知識的象牙塔，去探求佛法的堂奧，去體悟謙沖的涵意。沒有師父的創辦夏令營，恐怕自己至今還躑躅在真理門外，師父的智慧遠見嘉惠了多少的青年學子！

一九七五年我辭去彰化高商的教職工作，帶著一身的新奇、興奮、熱忱，「為求真理登淨域」，上了佛光山。師父給我的第一份工作，是將他的一篇演講稿加以潤筆、謄寫，並要我提出意見。一星期後，我初生之犢不怕虎，竟然大剌剌地批評起文章內容來，只見師父慈祥可親地聽著，頻頻點頭稱許，而一旁幾位出家師兄早已臉色鐵青，原來我不知天高地厚冒犯了師長，而師父的開明、民主、包容風範，深深烙印我的心中，種下日後我記錄他演講集的因緣。萬籟俱寂的夜晚，當大家美夢正酣時，我爬著方格子，把錄音帶裡師父濃重的吳儂口音，化成字字珠璣，腦際忽然浮現一首詩偈：

「手把青秧插滿田，低頭便見水中天。六根清淨方為道，退步原來是向前。」每每退到最後一格，一篇兩萬多言、充滿文字般若的演講稿便完成了。我有農夫耕耘園田的快樂，我耕作的是一塊智慧福田，思忖自己無法成為偉大的思想家時，至少要做個把偉大的思想傳播十方的人。《論語》、《孟子》、《六祖壇經》、天台大師的法華三部，不都是弟子們所傳錄的嗎？

一九七七年九月，「中日佛教關係促進會」在日本召開，師父擔任台灣的會長。大會結束之後，師父帶著我去拜訪日本巴利文權威、駒澤大學副校長水野弘元先生，央請水野教授擔任我在日本留學期間的監護人。步出水野先生宅第時，師父悠悠地說：「世間的父母望子成龍、望女成鳳的心情，正是我現在的心境寫照。」佛門父母對於子弟的呵護和世間父母原來沒有兩樣。我問師父要攻讀哪一個宗派，他淡淡地說：「把僧衣、僧鞋、僧襪穿好了。」日本佛教因為特殊的歷史因緣，自鎌倉佛教時代親鸞創淨土真宗以來，逐漸走向「妻帶」的在家佛教化，師父要我們把出家人的本分守好，本固自然道生。佛光山派去日本留學的弟子都能不辱所望，學成歸國，服務常住。

佛光山開山祖
星雲大
話

有一年寒假返台，師父本想借用某個佛教寺院興辦中國佛教研究院，培養佛學人才，不料卻遭對方拒絕。面對一籌莫展的大家，師父淡淡地說：「過年快到了，我們回佛光山把地掃乾淨，把麵炒得好吃，信徒高興，自然會添油香。」信徒回山禮佛，要向星雲大師拜年，找不到師父，原來他正在朝山會館廚房炒麵。我因為開學在即，向師父告假。他捧著一大鍋剛炒好的熱麵，油光滿面地問我吃飯了沒有？並且順手抓起一大盤麵叫我吃。我驀然想起志開老和尚給師父「半碗鹹菜」，鼓勵他發大菩提心的前塵往事。我捧著一碗熱騰騰的炒麵，轉過身去，和著熱淚一口一口地咀嚼起來。心中發願：「師父！感謝您今日一碗麵的因緣，我要效法您的以教為命，發廣大心，弘法利生為家務。」

師父心思細膩，待人慈和。有一次父親到佛光山小住幾天，老人家身患多年腸胃毛病，記憶中他不能進食米麥五穀，不慎飲食，便嘔吐不已，只能吃花生湯。因此，兄姐特地為父親準備一鍋花生湯，帶到佛光山作為主食。師父問我父親來山食宿可好？我正要去朝山會館烹煮花生湯，只好據實以告。翌日清晨，他把我叫到老慧明堂，把侍者為他準備的花生漿交給我，囑咐我煮給父親食用。這件事父親直到往生前還念念不忘，感恩在胸懷。我的色身父親教我「滴水之恩，湧泉以報」，知恩、感恩、報恩的千古道德，我的慧命師父則教我布施、慈悲的修行功德。

師父念茲在茲的是佛教如何弘揚、擴展、延續，他到印度傳戒，希望「回歸佛陀的時代」，把佛教重新傳播到佛陀的故鄉——印度。師父不僅率領信徒去朝聖，並且帶去大批的毯子、食物，贈送給當地的印度人民。我永遠記得當有人向師父問起，為什麼他不辭旅途的顛沛，飲食的不方便，疾病的纏縛，氣候的惡劣，千里迢迢一次一次率領大眾跋涉千山萬水，到印度來朝聖時，師父那一番充滿悲願睿智、語重心長的言語，在我們弟子內心留下刻骨銘心的震撼與永不磨滅的記憶，他說：「人生最大的幸福，莫過於讀萬卷書，行萬里路，認識萬種人。我為什麼幾度帶著佛弟子們到印度來朝拜佛陀的聖地，是為了擴展佛教青年的視野，去呼吸大地的遼闊廣袤，去體悟佛陀的慈悲偉大。透過對聖地的巡禮，去肯定自己對佛教的堅定信仰，去培養愛教護教的菩提種子。尤其重要的，我希望藉著佛教一批一批的朝聖人潮，能夠喚起印度政府的注意，好好地去保護佛陀聖蹟，發揚佛教文化。不久的將來，寄望佛教也能像回教徒朝拜麥加，基督教徒巡禮耶路撒冷一樣，百萬人天一齊朝禮藍毗尼園。」這就是以教為命、至情至性的師父。

師父更關心佛教在台灣乃至大陸的正常發展，修訂一部健全的《宗教法》，是他多年鍥而不捨的心願。一九七〇年代，立法委員楊寶琳等一行人到佛光山拜訪，了解佛光山對於《宗教法》的看法，師父當時是宗教諮詢顧問。全山嚴陣以待，師父帶著我們親自招待。當一群貴賓參觀完佛光山的殿堂回到朝山會館時，師父對著恰巧站在他身旁的我交代說：「泡茶！」我跑到櫃台轉達師父的指示，不想櫃台的師兄對我說：「全山停水。」我少不更事又小跑步到師父身邊說：「沒水。」老人家用嚴厲的眼光喝斥我：「這個時候跟我說沒水。」我嚇得轉身跑回櫃台：「趕快泡茶！」廚房裡於是人仰馬翻想辦法去提水，最短時間內泡出熱氣騰騰、香氣撲鼻、琥珀顏色的茶水來招待貴賓。客人茶足飯飽離開佛光山之後，師父集合我們二十餘位弟子檢討工作得失，他語氣凝重地說：「今天第一個應該被檢討的人就是依空，漫說沒水泡茶，我恨不得將身上血液化為清水，煮成好茶來供養客人，以解他們的飢渴。」

我後來從佛陀的本生故事，看到讓我震撼感動的記載：佛陀過去世曾出生為慈力王，發願普施國中一切眾生食物。國王擔心大臣們態度傲慢，讓受者感到不受尊敬，親自監督布施工作進行。他看到百姓們歡喜地接受布施，行列外卻有五位頭戴冠冕，身材魁偉的大漢，佇立路旁作觀望狀。國王謙和地問他們為何不去接受供養？大漢們說自己是吸血鬼，國王施捨的是世間一般食物，他們無法消受。國王於是挽起衣袖，露出健壯的手臂說：「我今日既然發願普施一切眾生，願無虛發，你們一定要接受我的鮮血供養。為了讓你們免除生生世世淪為吸血鬼的飢餓痛苦，我更發願未來我若成佛，一定先來度化汝等五人。」這五位吸血鬼就是佛陀最初的弟子——五比丘。原來我師父他所實踐的是佛陀的大悲心，這是累劫多生所長養的慈心悲願，遇緣自然噴發。

我是個個性疏懶的人，勤於讀書，懶於筆耕。師父認為我既然讀的是中國文學系，應該喜歡動筆。受到他的鼓勵、督促，我偶爾也塗鴨一番。讀了他的《釋迦牟尼佛傳》，我油然興起撰寫《星雲大師傳》的念頭，但是日子愈長久，覺得師父就像廬山一樣，「橫看成嶺側成峰，遠近高低各不同」，只因自己身處廬山之中，無法了解廬山的煙雲真貌，只好頹然擱筆。幸好有符芝瑛、林清玄等先生的大作，彌補我們弟子未竟的工作。

師父是個勤於筆耕的人，除了典座是他的最愛之外，文教一直是他最關心的佛教事業。汗牛充棟、學富五車、著作等身，都已無法形容他的文化耕耘成果。二〇二二年，更完成三九五冊的《星雲大師全集》鉅著，將他八十餘年來畢生推動人間佛教的理念，展現於世間。早年他寫的《釋迦牟尼佛傳》、《玉琳國師》、《十大弟子傳》，一直是佛光出版社的暢銷書。當時初生之犢不怕虎的我，滿懷年輕人的熱情對他說：有一天我也要寫出佛光山的十大弟子傳。他告訴我一段公案：他少年讀書的棲霞禪寺，山後有座千佛窟，有一位僧人雕刻了一千尊佛像，仔細一數，咦！怎麼少了一尊，再補一尊，小心翼翼再數，哇！還是少了一尊。這位僧人於是縱身一躍，飛入石窟中，成為第一千尊佛。剎時我感悟到師父對我們的期許，他要我們每個弟子都要成為那第一千尊，這是一位慈祥的長輩希望他的子弟「向上一著」的殷殷教誨。

五十年過去了，他讓我承擔各項如來家業，諸如佛光山叢林學院、普門中學、南華大學及西來大學的教育行政工作，國內外的寺院法務、傳燈會、文教基金會、國際佛光會、文化院、人間福報等等歷練。讓我們讀萬卷書、行萬里路、做萬種事、結萬種緣、度萬種眾、修萬種行，他希望弟子們個個傑出，成聖希賢。做為佛光山的弟子有一種大福報，就是永遠有一位諄諄善誘的長輩，老婆心切地教導你。

佛陀在印度創建了佛教，阿育王派他的王子把佛教傳播到斯里蘭卡，師父則把佛教推廣到五大洲，讓有陽光處就有佛光，有流水地就有法水，人間有佛法，推動佛教人間化、現代化、制度化、國際化，為佛教寫歷史，師父自己也在歷史中留下不可磨滅的定位。

星燈不滅　法水長流

慧傳法師　佛光山都監院院長

慧傳

出家是必然而非偶然

一個人的出生於這個世間上，本來就是稀鬆平常的事，但我的出生卻有一點小小特殊，同時也說明了為何我會披剃在星雲大師的座下？為何喜歡人間佛教的理念？

公元一九五八年先慈懷我的時候，也不知道為什麼，只要家師星雲大師在「宜蘭雷音寺」講經說法，母親總會放下手邊的工作，趕緊過去聆聽，即使客人來香鋪買東西，家母眼看講座快要開始了，就盡快處理好客人的物品，隨即打烊休息，直奔雷音寺，只因為不想錯過任何一次聆聽師父講經的寶貴機會。

還有我出生當天也有一個特殊因緣，在觀音菩薩聖誕（農曆二月十九日）那一天，母親的肚子疼動不已，因為腹中的小生命迫不及待地想來人間，早年的生產不是找產婆，就是家中長輩協助接生，我是屬於後者。

此時我的外祖母正要到雷音寺幫忙，指著母親肚皮以閩南語說：「囝仔子！你要乖乖恬在你媽媽的腹肚內，今仔日雷音寺觀音菩薩聖誕法會，無閒替你接生。你若和我有緣，就給我卡慢一點出來。」說也奇怪，肚子裡的我好像聽懂似的，突然停止躁動，乖乖地等候阿嬤的歸來。

一直到了半夜，肚裡的小傢伙好像知道阿嬤回來似的，又開始活力十足地翻滾不停，過了不久，這個小生命在農曆二月二十日凌晨來到人間，這一天是國曆四月八日。由於是子時出生，所以既是農曆觀音菩薩聖誕，也是國曆佛誕節，這個嬰孩出生能夠橫跨兩位佛菩薩的誕辰，除了不可思議外，更說明了我和佛教的緣分，也說明了「出家是必然而非偶然」。

這是小時候母親講述我在出生前後的故事，是我和師父的最初因緣。原來我於胎兒時期就喜歡聆聽師父的開示，且出生前還有這一段佛緣，因而長大後跟隨著師父出家，貢獻自己一點微薄力量推廣人間佛教，服務芸芸眾生，也是必然的事情了。

慈悲不是講出來的，是做出來的

或許因為這個出生的因緣，佛菩薩給予的考驗也似乎特別地多，希望我能在苦難中，體悟眾生的需要，進而幫助大家脫離苦海。

先嚴在我兩歲的時候往生，所以我對父親幾乎沒有印象，但透過家人的敘述，對父親有了一些了解。父親是一位退伍軍人，在宜蘭經營一間「天理堂香鋪」，店面是外公李決和老居士（慧和法師）開設，委由父親經營[1]。店鋪平日販賣拜拜所需的用品，也流通佛教雜誌，有人需要結婚證書，父親除了要書寫內文，且無師自通，畫出唯妙唯肖的龍鳳呈祥，而母親則協助剪出精美的「囍」字。他們從來不需要打稿自然成形，生活上還可以溫飽。

但好景不長，先嚴身體羸弱，常進出醫院，也耗盡積蓄，還需借貸。父親知道不久於人世，乃費盡最後的力量，工整地寫下遺囑，由此可知父親一絲不苟的精神。臨命終時，臥病在床的父親竟然要家兄慧龍法師（當時尚未出家）上街買橡皮筋，因為父親擔心無法合掌往生，所以要用橡皮筋固定雙手。為何父親會有如此的獨特做法，因為他早已皈依星雲大師，也常聆聽大師開示，對生死已經淡然了，唯一念頭，往生淨土。

先嚴往生後，沒有留下遺產，只留下一些債務，及一間「天理堂香鋪」給我們營生，母親一個人要照顧五位小孩，且要照顧店面，實在不容易。此時師父適時伸出援手，不但協助處理佛事，並且慈悲囑咐家母：「此時此刻最重要的就是專心撫養五位年幼子女長大成人，同時將自己哀傷的心靈寄託於佛菩薩，如果有任何需要，我一定全力相助。」這番話語，讓母親心靈漸漸安頓下來，勇敢堅強地面對所有的困境。

師父的慈悲不是只有口頭上的慰藉，那一段期間，每當要到北部弘法，總會從雷音寺走到我家的香鋪，詢問母親有何需要協助？然後走路到火車站搭火車北上，但回來的時候卻搭乘三輪車，因為香鋪所需物品較多，只得用三輪車運送到店鋪。師父去的時候寧可辛苦走路，送東西到我們的店鋪卻搭車，此種寧可自己辛苦，也要幫助信徒的「有情有義」性格，讓人動容，因此「師父的慈悲不是講出來的，而是做出來的。」

迷時師度　悟時自度

一般的孩子放假總喜歡到外面遊玩，但我放假卻喜歡上佛光山，除了可以和大師在東山打籃球外，還能夠參與大雄寶殿及大佛城的建設，也許這個因緣，讓我當兵的時候，可以到南部服役。

一九八三年我在高雄壽山頂上當兵，一日接到家人的急電，提到兄長慧龍法師車禍住在醫院，於是請假前往高雄「阮綜合醫院」了解病情。巧的是當天大師也來探視，離開的時候，我代表兄長送大師去搭電梯，本來要送大師到醫院的大門口，哪知大師說了一句意味深長的禪語：「迷時師度，悟時自度」，表示不用送了，我目送大師搭乘電梯離開，但這一句話在我的內心激起了漣漪。到底大師話中的意涵是什麼呢？就在退伍前夕（一九八四年八月），慧龍法師告訴我「佛光山中國佛教研究院男眾學部」招生的訊息，我就毅然決然於退伍後到佛學院就讀，也許這就是大師「迷時師度，悟時自度」的意思吧！

因為學部需要人手幫忙，感謝大師給我機會一面讀書，一面服務。兩年（一九八六年）後，因為普門中學人事上的需要，被大師派去擔任訓導主任，這也是人生另一階段的考驗，因為前段的人生都是在家人、老師、朋友、常住的關心下成長，如今要回饋奉獻給莘莘學子，且要學習如何將大師平日教導的佛法，運用在人我相處及克服難關。

由於受到大師法水的滋潤，加上從事教育工作期間，深知教育的重要，有心終身奉獻給佛門。正巧一九八八年十一月底，西來寺開光落成，舉行三壇大戒，我知道機緣到了，加上慈莊法師的鼓勵，母親的同意，飛到美國洛杉磯受戒，很榮幸地成為星雲大師座下的一名弟子，真正應驗了大師「迷時師度，悟時自度」的禪機。

公元一九九〇年八月，大師告訴我僧伽教育的重要，遵從師命從普門中學代理校長的職務退了下來，前往「北海道場男眾佛學院」擔任訓導工作。又經過四年，坐落於美國西來寺的「國際佛光會世界總會」需要有人前往協助會務，大師指示我前往擔任副祕書長，同時送給我一張「慧心傳道」墨寶，這是我第一次拿到大師的墨寶，內心非常地激動，相信師父已經很明白告訴我，要以一顆般若智慧的心弘揚佛法，宣揚人間佛教，推動佛光會的成立，我也暗自發願，絕對不能辜負師父的信賴與期許。

不能動的時辰鐘軸心

在美國服務了十年，因西來寺住持任期屆滿，於公元二〇〇三年十月被調回總本山擔任都監院院長。記得回山至法堂向大師銷假請安，並請大師指示接下來工作上要注意的事項，此時大師說了一段饒富深意的話：「總當家就像時辰鐘的軸心，它的中心不能動，只要不動，時針這樣走、分針那樣走，鐘會準確，假如那個中心不斷地動，鐘就不準確了。」大師的開示真是一語點出都監院的功能，也說明都監院在佛光山是一個非常重要的行政中心、服務中心。大師不但佛法精湛，且對世間管理之道透徹了解，真是一位「理事圓融、事事無礙」的大智者。也因為大師這個交代，養成了我不敢亂跑、亂動，留守在佛光山的性格。唯有與業務相關會議、活動、法會才會前往，但只要任務完成就盡快回山，因為我是時辰鐘的軸心。

集體創作，制度領導

因為固守在總本山，常住有什麼事情就能很快掌握處理。但都監院的工作繁雜，管理的業務又多元，剛回來的時候如入五里雲霧中，不知東南西北。記得回來時已是十月下旬，忙完了十一月初的五戒菩薩戒戒會，接著又要忙十二月上旬的水陸法會。本以為可以告一個段落喘一口氣，好好地了解各部門的工作情況，文書們卻對我說：「院長，明年一月二十二日是春節，都監院要負責規劃執行，目前只剩下一個半月的時間。大師曾經交代一件重要的任務，就是在後山開闢一條道路，讓佛光山和佛陀紀念館能夠連接在一起。」那時後山長得什麼樣子？佛館預定地是什麼模樣？一點概念都沒有的我，趕緊找文書們一起去了解，不看還好，看了差點昏倒，金黃色的蘆葦花雖美，但看不到底，從佛館的角度，看後山的地形，高聳入雲霄，一片沒有開發過的原始林地，真是阿彌陀佛啊！

另外，大師還交代工程期間切莫塵土飛揚，造成來山人士的不便；不可看到工程後的黃土牆面，要讓過往遊客可以欣賞花草樹木，感到心曠神怡；要布置會動的花燈，讓人們在歡歡喜喜的心情下，不知不覺地走到佛館停車場。同時還交代我們在佛館統坑溝旁，建立起百米以上的花燈牆，一則晚上可以照亮停車場，一則避免人們摔入深溝，還有其他林林總總的交代……。總之，大師的目的就是要給人歡喜、給人方便。

處於任務繁多、時間緊迫、經驗不足的情況，如何完成大師這些指示呢？大師的十六字行事準則「集體創作，制度領導，非佛不作，唯法所依。」還有大師常提起的「有佛法就有辦法」、「忙，就是營養」，為我們帶來克服難關的動力，及化解各種問題的妙方。

由於時間非常地緊迫，有時大師早上來看工程，下午會問我們進行的狀況，有時傍晚也會來關心。或許是看到我們工作進度落後，看出我們真的不堪負荷，慈悲指示淨土基金會的滿舟法師協助，甚至還發動全山大眾出坡，來解決我們的困境。說真的，如果沒有大師這種孜孜不倦、堅持到底的做事風格，沒有大師這樣慈悲的關懷、默默的支持，相信「二〇〇四年的春節平安燈法會」是無法順利舉辦的。

可以說，今日佛光山能夠「佛光普照三千界，法水長流五大洲」，佛陀紀念館能夠受到成千上萬的人的支持，宏偉壯觀的藏經樓能夠在大眾期待之下完成，這些都是在大師悲智雙運、永不放棄、鍥而不舍的精神之下所帶領出來的。

註1：請參考《星雲大師全集二三二冊．雲水樓拾語2》〈紀念慧和法師〉頁二五〇，內文有提到「天理堂香鋪」。

宜蘭念佛會，原名叫「宜蘭週六念佛會」。它成立的情形是，當慧和法師未出家時，大家都稱他李老居士，那時他開了一間香店，由他的女婿方鐵錚先生負責，由於慧和法師對佛教很熱心，就在香店中流通佛教的雜誌。因為閱讀的人慢慢增加，信佛的人也漸漸多了，於是大家商量組成一個星期六聚會的念佛會，由於當時宜蘭的佛教道場很少，他們就以位於北門口的雷音寺做為集會的道場。

學習師父「給」出無量無邊法門

永平法師
佛光山功德主會會長、北海道場住持

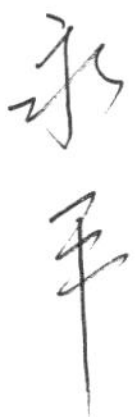

我踏入佛光山時，閱讀師父著作《星雲大師講演集》寫到以人為本、以眾為我的修行，尤其四給——給人信心、希望、歡喜、方便的理念，讓我明白未成佛道，先結人緣的重要，這影響了我日後的出家路。

出家之時，聽師父開示：「服務奉獻也可以開智慧，增長自己的福德因緣。」畢業後領職工作，師父滿了我的心願，讓我到最能接引信徒的東禪客堂。許多來山信眾到大雄寶殿禮佛後，會由殿堂法師們接引到客堂喝杯佛光茶，也可以翻閱桌上放置的《覺世旬刊》及小叢書。

記得我服務東禪客堂將滿一個月時，師父到客堂，問我：「有沒有遇到什麼困難，我可以幫你解決？」

我回答：「師父，我在這裡一天只接引三、四個人，就花掉我三、四個鐘頭。」

師父聽後非常訝異說：「你到底要怎麼接引信眾？」

我回答：「他們提出的問題，我都會詳細回覆，例如，他們會問我怎麼這麼年輕就選擇出家？佛光山大殿建得殿宇輝煌，錢從哪裡來？什麼條件才能進入佛學院？這些都要花很多時間去說明。」

師父說：「如果他們問大殿莊嚴，你就說施主你想贊助嗎？」「如果遊客問什麼因緣出家，你可以回問他，你也想出家嗎？」「如果問進入佛學院要有什麼條件？你就問他，你也想來讀嗎？」

聽完後，我回答師父：「這麼簡單，師父您怎不早點教我？」

師父回答：「你也沒問我呀！」

師父對徒弟真是三分師徒、七分道友，當時師父也沒指責我，回話沒大沒小。

之後，我到佛光山麻竹園領職，要服務許多來山住宿和會面的客人。看著師父會客一場接著一場，只要信眾有需要，他從早到晚，經常誤餐，廢寢忘食。會客完，經常都已經凌晨，師父才踏著疲憊步伐，走回大覺寺就寢。

離開時，他還會說：「美好的一天又過了，你們也跟著我辛苦了。」

身為弟子的我們聽後，非常慚愧地說：「師父，您講話會客更辛苦呀！」

看著師父為弘法利生，總以誠懇、柔軟、耐煩的言行，讓信眾信仰扎

根，使我對佛教更興起了信心。

長久下來，我心裡生起一個想法：師父可以如此發心利益大眾，身為弟子的我為什麼不能發心立願呢？

我也可以當個小螺絲釘，與其坐而論道，不如起而立行。一心想度眾，每天想著如何給人信心、希望、歡喜、方便。那就把握當下給人因緣，絕不吝嗇。

幾年後，我被派到位在新北市石門的佛光山北海道場，這裡環境山靈水秀，前有大海，後有山坡，學生口中常哼著，「山坡上面野花多，野花紅似火……」

然而，地屬偏僻，位處高山，道路顛簸，無論是要在這裡度眾，或者願意上山的信徒絕對都是有心人。

在這優美、遼闊的環境中，白天少有人煙，因此我練習與大地、大自然說心底的話，和青蛙、小鳥說佛法。

偶有朝山團上山，在夜裡十二點朝山，經聲佛號，劃破寧靜，攝受朝山者的心靈，也增長了我的菩提道心。

每逢星期假日，都有零星散客上山，寺裡只要有點什麼可以招待的，例如糖果、餅乾、水果、菜餚等，我都精心挑選，用心烹調，與大眾結緣。日積月累下，上山禮佛用餐的人逐漸增加。一年後，師父將松江佛學院學生遷移過來，成了北海女子佛學院。突然間冷清的北海道場，變得生氣蓬勃，好熱鬧，有佛學院真好，山明水秀、地靈人傑的地方培養人才最好。

記得有一年大年初一，師父特地上山來過年，主要是來探望我們和學生，那一年氣溫極冷，天氣預告入夜後將降到攝氏十度以下。

弟子們都很擔心師父的身體，能否承受低溫折騰。於是，當時台北普門寺的住持懇請師父下山，返回普門寺住宿，隔天一早再上山。

當時師父說了一句話：「我怎麼忍心讓我這麼多徒弟在山上受寒。」

我站在門外，聽到此對話，師父的慈悲、同理心，當下眼淚奪眶而出。

當初師父生病，師公志開上人送他半碗鹹菜，讓師父刻骨銘心，發願湧泉以報。同樣地，我非草木，聽到師父這句話後，發願報答師父今日對弟子的關懷之心。

既然常住派我到北海道場，入寶山就不能空手而返。於是我發心為大眾服務，不揀擇工作，勤能補拙，只要肯學習，裡裡外外，舉凡對環境整理，打掃廁所、客房、洗被單等樣樣都做。

做、做、做，不斷學習，即使工作遇到被罵、被怪、受委屈，深深一呼吸，世間沒什麼大不了。逆境來時順境因，逆水行舟，永不放棄學習機會，只因我選擇一位高僧為師，身為徒弟的我，也不能太遜色。

不管到任何地方服務，我皆秉持以結緣，把握當下，給人一點因緣的信念。我喜歡從無到有，讓我有發心的力量，並且增加功力。

師父總是用人不疑，疑人不用，多麼大的胸襟！因此我告訴自己，我不能辜負常住的用心，我待人要熱忱、誠懇、耐煩。加上之前在東禪客堂和麻竹園的學習，讓我更會耐煩，用心傾聽信徒的心聲，一會客幾個小時，都是常有的事。

記得有一回，一天開會好多場，事情十分繁雜。師父問我話時，我心不在焉，臉上稍顯急躁。

師父看出我浮躁的心，他就用柔軟語調教我：「不要讓信徒看出你臉上寫著：我很忙、別惹我、別問我、我在趕時間等，做大事更要舉重若輕。」師父的提醒，讓我頓感慚愧又無地自容，修行、修行、修行。唉，境界一試，都不及格，真是一日修來一日功，一日不修一日空。

師父奉行「給」的精神，完全展現在佛光山北部的第一座寺院「普門寺」上，名符其實「普門大開」，有許多信眾因為初一、十五可到普門寺吃素齋而歡喜。寺裡也從不會問「您有無打齋？」只要齋堂開始打板，就會有來自四面八方的信眾，將齋堂擠得水泄不通，每一位信眾臉上掛著禪悅為食，法喜充滿。

那時我們北海佛學院學生最喜歡到普門寺參訪，也是被那許多美味的素齋所深深吸引。

「給」的精神，對我來說猶如一劑強心針，因為我之前所負責的一些道場，到了用餐時間，法師沒留遊客用餐。遇到這種情況，我會和住眾說，不是要求吃好，身為一名弘法師供養一碗素麵，難道也做不到嗎？還講什麼長篇大論要弘法度眾，空談誰不會？要務實一步一腳印，功德不分大小，要做到時時給人希望、方便呀！

記得有一年我罹患腹膜炎，而師父的心臟病況也十分嚴重，師徒兩人竟不約而同都要在相近的時間、同一個醫院中開刀。

當時師父坐著輪椅到病房來探視我，對我說：「師徒各自珍重。」隨後侍者便推著輪椅離開了。

我看著師父離去的背影，不禁流下眼淚，自責沒有把身體照顧好，還讓師父先問候，關懷弟子。

等我開刀完，坐著輪椅正準備去師父病房時，聽見侍者問師父：「心臟開刀會痛嗎？」

師父說：「我準備讓他痛，但一點都不痛。」門外的我，希望不要痛，但真的麻藥過了，痛，好痛呀！

師父因為心中有徒弟、有大眾，怕信眾擔心，所以回答：「不痛。」我心中只有自己，獨善其身，所以不準備痛，卻疼痛難當，這就是師徒境界不同。心包太虛，才能量周沙界、海納百川，有容乃大，我一定要學習師父那種無量無邊的法門。

之後，我又在佛光山歷經許多單位，為了去除內心的貪、嗔、痴，我選擇再次回到北海道場建設，每天與不同信眾、遊客交談，內容之豐富，不勝枚舉。

遊客中，認同佛光山人間佛教的，則是有緣人，面對不認同的人，我只能更用心，雖然冷嘲熱諷也大有人在，日子久了，也不放心上。

我已不再是初入佛門的新手，對人事放不下，耿耿於懷。現在每天歸零，像磅秤，秤過了就回歸本來面目。

師父的老二哲學，以退為進的人生，對我很受用。我只怕今生失業，不能擔當任何工作；不怕承擔，發願服務大眾；常住第一、自己第二；寧可做死，都不想病死；光榮歸於佛陀，成就歸於大眾；利益歸於常住，功德歸於檀那。

跟著光走——就愛天空最亮的那顆星

永光法師
菲律賓佛光山總住持

自從師父圓寂了以後
夜裡，我總是望著天上那顆最亮的星
白天，我找尋天上那片多彩驛動的雲
口裡，唱著人間音緣的歌曲思念著您
眼裡，看著法身舍利的全集找尋著您

師父師父您在哪裡？
尋尋覓覓　尋尋覓覓
師父師父您在哪裡？
尋尋覓覓　尋尋覓覓

師父師父您在哪裡？
不在這裡　不在那裡
師父師父您在哪裡？

就在這裡　在我心裡

在讚頌典禮上，師父您長期支助的菲律賓佛陀傳的演員及光明大學的學生來到現場唱著「師父您在哪裡？」一個個淚流滿面。

當初因為讀了師父所寫的〈佛陀，您在哪裡〉一文深受啟發，給予我靈感創作的這首歌，沒想到能在讚頌典禮上，由佛陀傳與光明大學的學生親自唱給師父聽。

師父，您聽到了嗎？

思緒不禁拉到一九八〇年——

首次見到星雲大師，是在台北中山堂，我與幾位青年前往聆聽師父的佛學講座，一連三天的講座場場爆滿，我們坐在擁擠的走道上聽師父講說佛理，雖然汗流浹背但非常歡喜感動，也因此讓我與師父、與佛教結下不解之緣。進而有幸跟隨師父出家，師徒法緣由此展開。

四十餘年的前塵往事歷歷如在眼前，而師父已離我而去。像高山突然傾頹，像天地在眼前崩塌，我的身心彷彿失速般，突然陷入一片空白：我該如何述說和師父的深厚法情？該如何細數師父給我的諸多教導？我又該如何描繪，師父在我的生命乃至未來世所為我開發的自性寶藏？

師父翻轉了我的生命，啟發了我的內在；指引我前路光明，引導我走進佛法大海。像游泳在廣闊無邊的寧靜大洋，我得以在這裡汲取養分並且不斷地學習、茁壯。

而師父所教導我的面向，我從師父身上學到的種種，山高海深難描也難繪，我又該從何說起？

我學習到師父的教育是給出來的。

師父的教育，胸懷，精神，理念，已經跨越宗教，跨越種族，甚至跨越了生命。

一九八九年我銜命赴菲律賓宿霧，隻身來到這虔誠信奉天主教的國家，在舉目無親的異鄉，我也曾迷惘、惶恐。是師父給予我極大的信心勇氣，是師父支撐起我的意志與鬥志，我才能不斷往前。因為知道師父會是我永遠的後盾和明燈，我只要遵照師父的教導和心願，佛法必定可以在天主教國家深耕、遠播。

菲律賓耕植三十年，師父數度親臨菲國，講座、視察並明確指示人間佛教的弘揚理念與方向。星雲大師行履所到之處，總是帶來歡喜帶來希望。尤其熱情可愛的菲律賓孩子見了星雲大師，不由將師父視為天主教教宗，甚至親暱地喊著：「Pa！Pa！」（對教宗的稱呼）

這就是我心中的師父，巍巍如高山卻永遠有最柔軟的悲心。

師父教導菲律賓弘法的方向是：

以教育培養人才

以藝術體育弘揚佛法

師父說菲律賓的孩子，尤其是窮苦人家的小孩需要教育，也需要有展現才華的舞台，師父希望宿霧能有藝術學院；為了嘉惠更多菲律賓孩子，翻轉更多人的生命，師父也希望在菲律賓蓋起大學。

三十餘年過去，在師父的期許、鼓勵下，人間佛教在菲律賓已蔚然有成，各項弘法利生的工作正在菲律賓各島開展。始終真心秉持「我能為你做什麼？」的師父，一直全力支持著菲律賓的弘法事業。師父的心和眼，永遠俯視著每一個眾生，永遠為這個世界付出奉獻。師父總是在給，不斷地給……

在菲律賓，
師父以教育給出了光明大學，給出了佛陀傳音樂劇，
給出了三百間三好校園遍布全菲律賓，
給出了一座國際三好體育館，
更給出了首支佛教男子籃球隊。
師父的教育影響了無數人的心，開啟無數人的生命，師父是獨一無二的

那顆星，永遠指引我們勇往前行。

「如果我活不到那一天，來世一定會再來看你。」

難忘二〇一六年七月二十九日禪學營，師父提供三十個名額給光明大學的學生參加。大師與青年接心開示時，來自菲律賓光明大學的三年級生Lady Anne站起來對大師說：

「我們向您保證：十年後，所有光明的畢業生都會弘揚人間佛教。我將傾其所學，為世界和平努力。」面對Lady Anne的真誠告白，大師的回應讓人熱淚盈眶。

大師當場回答：「如果我活不到那一天，來世一定會再來看你們。」在場的禪學營學員、佛學院學生、義工及常住大眾無不感動落淚。當時拿著麥克風負責翻譯的妙光法師，哽咽到幾乎無法繼續翻譯下去。

一個十六歲小女孩與一位九十歲大菩薩的對話。一份感恩，萬千感動，這是一場超越種族、超越年齡乃至跨越時空的相遇。所有在場的人也同時浸潤在和平慈善的神聖光輝中。那是我內心最鮮明最珍貴的畫面，也將是我聽過的最美好、最動人的語言。

我學習到師父的圓融善巧。

當我在叢林學院，師父說「學佛不一定要出家」，結果吸引許多青年就讀叢林學院，我正歡喜地與師父分享成果，師父下一句卻告訴我：「學佛不一定要出家，但如果要出家也很好。」

當我帶領著悉達多青年藝術家時，師父說：「一個人可以有兩個信仰。主修天主教，副修佛教」，解決了想學藝術的孩子們的信仰衝突。當我與師父分享成果，師父竟說：「茶喝多了就不會想喝咖啡了。」

我在蘭陽別院當住持，師父說：「滴水坊要改五十齋，讓人喜悅地吃素。」依教奉行後，正與師父分享滴水坊改五十齋後，人果然增多的喜悅。師父又說：「但沒有人上去禮佛！」啊！我又再度受教了！

師父的心量廣大圓融，師父包容世間的一切卻又含著悲心，諄諄教導所有人學習「互為作用、互不相礙」的華嚴世界。

師父！您總是循序漸近、善巧方便，一再開發愚徒的潛能。我是多麼慚愧！但我又是多麼地幸運！

師父身上永遠有數不清的感動——

菲律賓Celestra校長，日前榮獲菲國總統頒發的優秀教師獎，Celestra校長立即前往菲律賓佛光山萬年寺設立的大師追思堂，將獎盃、勛章呈獻給佛光山開山祖師星雲大師。校長非常敬仰大師「以三好做為辦學理念，以四給跟社區結合」的精神，目前三好校園在菲律賓已高達三百所，他表示將持續發揚光大。

找到好老師教導孩子

讓孩子看到前途希望

這是師父的教育方法。

也是師父的畢生心願。

於是全世界五大洲都有師父的愛與足跡。
我學習到師父的平等慈悲。

是誰翻轉我的生命
是誰給我翅膀飛翔
是誰帶我遨遊世界
是誰讓我生命多彩

是您翻轉我的生命
是您給我翅膀飛翔
是您帶我遨遊世界
是您讓我生命多彩
是您——星雲大師
敬愛的師父！

這首歌，是您以教育改變學生們生命的寫照
這首歌，也是我四十年來對師父的真摯心情
師父，您圓寂了
但您的法身如光遍滿全世界
您的慈心悲願重如泰山
您視生死無畏輕如鴻毛

無論白天夜晚，日升日落，我仰望天上那顆最亮的星，追逐虛空那飄逸的雲，師父！我但願，循著光，追著雲，唱著歌，讀著您的文字時，您就無處不在。這樣一來，我的身心有了依怙，我的步伐也有了方向。今後，在沒有了師父的世間，我們會遵照您的〈真誠的告白〉裡的囑咐，勇當人間佛教使者，持續將人間佛教弘揚全世界。

這世與師緣四十年

師父師父
如師如父
亦師也亦父
今生的平安幸福，得自在師父座下學習
師父！期待來世再結師徒緣
我相信，跟著光走　師緣不斷
就愛天空最亮的那顆星

國家圖書館

師父無量義

永固法師

加拿大渥太華佛光山住持

永固

師父常要我們思考：佛光山如果沒有佛光會會怎麼樣？沒有佛光大學會怎麼樣？沒有佛陀紀念館會怎麼樣？而我也常想：今天的佛教界如果沒有星雲大師會怎麼樣？我這一生如果沒有遇見師父會怎麼樣？

一九八四年，當時連釋迦牟尼佛都沒聽說過的我，應朋友之約，踏入佛光山，找到佛教文物陳列館做義工。初入山門的我，通過《釋迦牟尼佛傳》的閱讀，了解到我對佛教的誤會有多大，一口氣連夜讀完佛傳，除了懺悔自己的無知，更加感恩佛陀沒有捨棄我，給了我今生最大的福報，讓我有機緣遇見師父。

那是來山大約一週後，突然館內的同事大家都歡喜雀躍地說著一個人，「大師要回來了！」「師父要回來了！」「阿爸要回來了！」我好奇地問：你們說的好像是同一個人，他是誰？為什麼說到他，大家都那麼興奮？同事們七嘴八舌一番描述，我還是無感地不理解，同事們只好說：「等你見到就知道了。」果然，幾天後，我在陳列館的舍利殿前，看到一座山緩緩向我走來，而我，合掌、恭敬地對這座山說：「大師，您好！」

由於陳列館的業務牽涉佛學的部分不少，於是有了一次與大師接心座談的機會。大師開示後讓我們提問，平時講起大師總是滔滔不絕的同事們，突然緊張得面面相覷說不出話來，不習慣冷場的我就問了一個大家聽了都冒冷汗的問題：「大師，我來山才十五天，但看到一些人言行不如法，我感到對佛教失望了。大師，您出家有五十年了吧，五十年來您失望過嗎？失望的時候怎麼辦？」

在我想，這是跨越五十年的問題，大師應該要點時間想想，但出乎意料地，我話聲甫落，大師馬上堅定地說：「從來沒有！」接著大師娓娓道來：「佛光山不是我一個人的，是所有在山上的大眾，胼手胝足辛苦付出而有。」然後大師把山上每一個單位，包含大雄寶殿，朝山會館等等，平時都忙些什麼給說了一遍，結語總是：「大家照顧常住這麼辛苦，縱使之中有什麼不理想，我感謝都來不及，那裡敢失望！」

最後，大師慈祥地環視我們，然後說：「像你們這麼年輕，你們本來可以住在熱鬧的市區，穿著漂亮的衣服跟朋友去吃喝玩樂；但你們卻選擇了陪著我們這群窮出家人，住在這荒山野嶺中，穿的是前人留下來的舊制服，吃的是朝山會館的粗茶淡飯，住的是一下雨就到處找臉盆的鐵皮屋……。你們之中縱使有人所行不太理想，我感謝你們都來不及了，我怎麼敢失望呢！」

伴隨著大師的音聲，我默默地雙手合十，流下感動的眼淚，心中激動地想：儘管父母都是行善助人的醫生，但我從未見過心量像大海那樣深廣無邊，人格像高山那樣崇高至上的人，我這一生若不跟隨眼前這位大和尚學習，我要去哪裡跟誰學呢？印象中，入山門的第二十三天，我披剃在師父座下。

在請求出家的過程中，我問師父：「醫師和法師哪個幫助人多？」師父說：「醫師治身體的病，一天見的病人不過百人，而病人這次醫好還有下次的病，無有了時；法師治的是眾生輪迴生死的病，一次說法可以有千人聽聞，千人中有百人實修，百人中有十人證悟解脫，如是說法無盡則度眾解脫無盡。」

師父問我為什麼一定要出家？我回答：「我反對『佛度有緣人』這句話，既是有緣，何需佛度？好不容易得遇佛法，我發願出家，將自己化為因緣，度化無緣！」幾回合談下來，師父見我既不認識佛教也不認識佛光山，二十二歲也還年輕，勸我先進佛學院就讀，等認識了再說。

一個「等」字，不知時日幾何，便鼓起勇氣再度請求，師父問：「你告訴我佛光山是誰的？」我答：「當然是大師的。」師父總結式地說：「你先讀佛學院，一直到有一天，你感受到佛光山是你的，再來找我出家。」我隨即回答：「大師，如果您現在讓我出家，現在，佛光山就會是我的。」於是當晚在佛光山叢林學院女眾學部落髮圓頂。

當然，所謂「出家容易守道難」，原本像快樂的小鳥，過著「兩耳不聞窗外事，一心只讀聖賢書」清修生活的我，因為年輕資淺又被選上德學長，在人我關係的處理上已是捉襟見肘，加上對於訓導老師的管理方式不能認同，在內心生起煩惱。

當時也是佛學院院長的師父把我找去，一句：「聽說你對訓導處的老師很不以為然？」我便把所有的不滿像十大罪狀般數落一通。師父聽了只是淡淡地說「就我所知不只這些，你還可以講。」對！還有，我想想又補充了

二、三件事情，師父見我打住了，便表示沒關係，以後想起來，隨時可以找師父談。接著，師父語重心長地說了一番話，而這番話正是改變我一生的關鍵談話。

師父說：「永固啊，你是一個是非分明、正邪勢不兩立，充滿正義感而且要求完美的人。但你要知道這個世界是一半一半的，白天一半、夜晚一半；光明一半、黑暗一半；美好一半、醜陋一半；善良一半、邪惡一半；對一半、錯一半；好一半、壞一半；如法一半、不如法一半；你喜歡的一半、不喜歡的一半……。」師父一口氣說了二十幾個一半一半，然後說：「而你，你只能接受光明的、美好的、善良的、如法的一半。一半是殘缺的，你不是要求完美嗎？可你擁有的卻是一個殘缺不全的世界喔！」師父的一字一句，好像一下子把我的我執、偏見、傲慢給抽掉了，整個人像空了一樣，突然覺得自己淺薄卑劣得可憐。師父看出我的窘境，於是繼續引導我說：「你不要急，其實你只要學我一點，就可以成就一切了。你知道哪一點嗎？」

我惶恐地說：「師父的每一點，我都要學。」師父說：「不必！只要一點！」說完用食指在空中寫了一個「大」字。然後說：「心量要大，把黑暗、醜陋都包容下來，你就能擁有一個完美的世界了。」

師父教會我用寬廣的心量去包容這個世界，也教我找到微笑的角度去讓這個世界接受。那是有次在上課中，師父突然話鋒一轉，說：「各位尊貴的法師們，請你們下課後去照照鏡子。」我心中不禁想：哪有師父稱徒弟叫「尊貴的法師」的呢？正納悶著，就聽到師父繼續說：「看看你們的『尊容』能不能讓人一見到就對佛教生起信心，對佛法生起歡喜心。」下課後，我真的去照鏡子，在鏡子裡看到的是一張嚴苛的面孔。心裡著急地想：師父說要給人一見就有信心、歡喜，怎麼辦呢？

於是對著鏡子練習微笑。經過幾天的肌肉疲勞後，也就養成微笑的習慣了。寬廣的心量，讓大眾走進我的世界；真誠的微笑，幫助我走入大眾的世界。一般人很難想像，還在開山初期的師父，平日已是日理萬機，還要對外弘法，但對學院學生的教育一點也不馬虎，從禮佛搭衣、排班走路、跑香經行、齋堂行儀，到認識常住宗風理念、經典教理、佛教發展，我們無一不是

親承法乳。加以課外活動之後最喜歡的是「東山球場打球」，我非為籃球而去，而是去球場聽師父回答排隊問問題的執事們的各項指導。

有時候我會與人分享，我有一位「三合一」的師父：是善知學生根器的老師，是希望子女青出於藍更勝於藍的父親，同時也是我心目中再來的佛陀。走在自利利他的弘法路上，師父的教誨是永遠的明燈，哪怕只是一句話，也會有萬鈞之力為我們撐起一片天。

第一次調派出國是到加拿大溫哥華，臨行前向師父告假，師父說：「『寺院學校化』，你去是要當校長的。」到了冬天會零下三、四十度的愛民頓（Edmonton），師父說「憂道不憂貧」成為我堅強的後盾；在多倫多，師父的「走出去」、「有佛法就有辦法」，引領著人間佛教走入社區結緣，從前後二任的總理、部長都要來拜會道場，可知受到的肯定；到了紐約感受到外教的排擠，我用師父的「要爭氣不要生氣」鼓勵師兄弟，最終和其他宗教也成為好朋友。進入佛光山第二個五十年，渥太華的建寺也必定符合師父的原則，做好信仰的傳承。

二〇二三年的正月十五，師父化世圓滿，暫時離開我們，有時候觸動到某一個點，感覺心都被掏空了。但我告訴自己，如同《法華經》所描述的一樣，佛陀在講完《無量義經》之後入無量義定，再出定就是要演說大法。我們的師父窮盡畢生之力，講述佛法真義，讓人間佛教回歸佛陀本懷之後，暫時進入定中，師父說的，很快就會回來。且讓我們相約，在努力弘法的同時，靜待師父歸來。

費盡千辛萬苦　只為教我救我

永文法師
佛光山傳燈會弘講師

永文

我，從小雙親就相繼過世，輪流寄養在不同的親戚家裡。「獨立」是我最渴望的事，滿懷心思想要尋找自我，讓自己能夠遠離寄生蟲的陰霾。

宿世因緣的萌芽，某天在宜蘭雷音寺的架上，見到東方佛教學院的招生簡章——「佛學院是培養聖賢的搖籃」，這句話瞬間吸引我的目光，我俯身盯住，一直以來，我渾濁的迷思頓時清朗。

報考佛學院後，耳聞「一子出家，九祖升天」，出家功德可以迴向給父母親，度雙親脫離輪迴，在佛教出家是一種大孝之舉。我決定除去三千煩惱絲，將功德迴向給今生緣分淺薄的雙親。心中更想著，從此我就可以過著獨立自在的生活了！

出家時，我還是個十七歲的懵懂孩子，很想得到師父——星雲大師的關注。同學告訴我，如果想要親近大師，見到大師就要說：「師父，我可不可以跟您借書？」因為大師最喜歡的事情就是讀書。我聽進去了，見到大師時，就向師父表示想向他借書。師父說：「你想借什麼書？」我一時語塞，心急愣住了。師父接著說：「你跟我借書，要有借書證啊！」我回答說：「有啊！我有圖書館的借書證，只是還沒有用。」

師父說：「不是那一種，我的借書證就是一篇你的自傳。看了你的自傳，我才知道要借什麼種類的書給你呀！」

於是我寫了篇自傳交給大師，內容多的是用錯詞、錯別字。結果師父就拿一本有注音符號的童話書《苦兒努力記》借給我，足見那時我的中文程度有多差，看完遵從師命交了一篇讀後心得。之後，師父要我再看別的書，但是我回報師父，我不喜歡看書，我喜歡做事。師父為了引導我多看書，就說：「你拿著借書證到圖書館，先不用借書，你只要看看架上排列的書有哪些種類？」我進到圖書館內，看到架上的書有很多種，有傳記、有文學、有佛學等等。但我並沒有借來看，因為從小到大，都沒人教我讀書，自己也不愛讀書。

師父又說：「不喜歡讀書沒關係，你就看看書皮有哪些顏色？看看書的封面設計、看看這本書為什麼取這個名字？想想這本書為什麼做成這樣的設計封面？看過後有什麼心得，你再來告訴我。」

這次我再到圖書館，發現有一套書全都用白色的書皮，叫作「徐訏全集」。我很高興地向師父報告：「我看到一套書全部都是白的，叫作徐ㄩˊ全集！」師父說：「是徐ㄒㄩ全集。很好，這次你至少不是只看到一本書而是一套書了。下次你可以把書本拿下來，不只看書皮，還可以看看裡面的序，因為看一篇序就可以大致了解一本書的內容了。」

於是從書皮的顏色、封面的設計到書的內文，師父就這樣一步一步誘導我讀書。有一次師父問我以前都看什麼？我率直地說，歌仔戲和布袋戲，師父緊接著說了一句：「你喜歡傳記類的書籍。」此刻，我才覺醒到，師父是在問我喜歡看什麼書？當下腦中浮現正在播出的三國演義布袋戲，臨機改口像歌仔戲和布袋戲有演過的故事書，例如《三國演義》。師父問我：「你認為《三國》裡面，關公、劉備和曹操，誰是英雄人物呢？」我想了一下說：「當然是關公囉！」師父說：「我認為曹操才是英雄。」於是師父說出一番他認為為何曹操是英雄的理由，曹操當時之所以挺身出來，是為了拯救因帝王的無能、朝堂的腐敗、不忍人民流離失所的世間等等看法。師父的說法和我以前見聞的都不同，引起我的好奇。於是師父要我去借一本羅貫中著作《三國演義》來，他再跟我說個明白。

師父和我面對面坐著，桌上放著《三國演義》，我手中翻著書，師父卻完全不用看書，就可以和我講解書中的章節和內容，簡直可說倒背如流。後來師父又叫我看《水滸傳》，也建議我看看《紅樓夢》。這些都是故事性很強且文學性很高的書，後來我開始涉獵閱讀，完全得自師父的循循善誘。

師父為進一步教導我，要我當他的侍者，幫他謄寫文稿。以前沒有電腦打字，師父習慣手寫文稿在佛學院的筆記本上，之後我再謄寫稿紙上。但我程度不好，很多字都看不懂，也會寫錯別字，師父總是耐著性子一字一字幫我講解。

有一次我們全班同學北上參加師父在國父紀念館的講座，回山後，很巧在學院圓門處同學們又遇見師父，師父就問大家：「這次北上參加講座，有什麼心得？用一句話形容就好。」

同學們依序說出「精采絕倫」、「獲益良多」、「盛況空前」……。我突然蹦出一句「最佳絕響」，大師望了我一眼未說什麼，待大家都說過並解散後，師父叫住我問說：「你知道絕響是什麼意思嗎？」我回說：「應該是很好的意思吧！」師父和顏悅色地跟我說明：「『絕響』是形容一個藝術家人生最後一次的演出。我羞愧地跟師父道歉，大師反而安慰我：「沒關係！你是不知道才說的，你要多讀書就不會再犯這種錯誤。」我的程度就是這樣在大師的慈愛與包容中慢慢累進的。

一九八〇年承蒙師父的慈悲，我及三位同學奉派前往美國加州，協助西來寺的創建工作，向住持慈莊法師銷假報到時，師父特別交代住持要讓我們去念書。慈莊法師反應籌建中寺務工作忙碌，才需要向台灣申請人員協助，他們來了又去上學，寺內工作又要荒怠無人做了。

師父隨即轉身告訴慈莊法師說：「就算地沒人掃，飯沒人煮，事沒人做……這些年輕的徒弟也要去讀書，否則將來寺院蓋好了，誰來度眾？誰來落實本土化？」在師父的美意下，我們閒暇之餘有機會到社區大學進修。

就在畢業前兩個月，我生病了。

在嘉惠爾醫院（Garfield Hospital & Medical Center）經過詳盡檢查，被確診為系統性紅斑狼瘡（Systemic Lupus Erythematosus，簡稱ＳＬＥ），當時我的檢查數據非常不好，而且ＳＬＥ是一種免疫系統異常疾病很難根治之症，醫師曾宣布我恐怕只有幾個月的生命。

發作時，高燒常至四十度，我的頭就痛得恨不得去撞牆。我的關節腫大、手指龜裂潰瘍、四肢痠痛，站都站不穩、躺也躺不平。雖是如此痛苦，心裡總有個期盼：「我還能活著回去見師父嗎？」師父這麼疼我，這麼用心栽培我，我辜負他老人家的期待，總要跟他致歉。至少和師父道謝告別後，就算生命結束也沒有遺憾了。

在煎熬中期盼能和師父見上一面。終於師父來到美國看我們了，師父得知我得病重，決定帶我回台灣。他說：「哪有什麼病是不能治的？美國的醫師既然說不行，那我們回台灣去治療，一定會有一個神醫，一定會有一種解藥可以醫治你的病。」

回到台灣後，師父經常要接待各方訪客，會客之際，師父都會問對方一句話：「你有沒有聽過紅斑性狼瘡這個病？知不知道哪裡可以醫治這個病？」若是有人提供了一些消息，不論是在多遠的深山或多狹小的巷內，師父都會叫人帶我去治病。或有什麼祕方，師父也都請人備辦來給我服用。有一次，有位信徒拿著一張報紙的報導來，說「鹿角靈芝」可以增強免疫系統，對治療系統性紅斑狼瘡應該有益，但當時台灣還沒有人在培植鹿角靈芝。

師父退位之後，開始有出國參訪的行程，我有幸隨團參訪，第一站就是到日本和韓國。在韓國時，到了一座山上，正好看到有一家店鋪在賣鹿角靈芝，師父很高興，馬上叫我過去，並且把店裡所有的靈芝都買下來，連放在櫥窗裡當招牌的樣本，也辛苦地拜託老闆賣給我們，就是為了要治我的病。我的病雖然還是好不了，時時都讓我的身心受到極大的折磨，但每當我痛不欲生時，就會浮現大師對我說的那一句：「疼痛是一時的，人生是久長的，你要勇敢堅強，不要被病痛打倒，我會為你加油！」的聲音，每每想起師父對我的關愛及所做的一切事，就好像是一帖止痛藥，瞬間能消解我不少苦痛，讓我產生活下去的意志。

師父的大智慧——因材施教，完成破銅爛鐵也能成鋼的理念。
師父的大慈悲——不捨一眾，圓滿平安幸福照五大洲的願望。
師父，您大智慧的理念——給予我新的人生！
師父，您大慈悲的願望——給予我新的生命！
師父啊！叫我如何時時不感恩您！
師父啊！要我如何刻刻不緬懷您！

最寶貴的一堂課——平等觀

滿謙法師　佛光山海外巡監院院長、佛光山台北道場住持

和師父認識的因緣說來很奇妙。我學佛的第一個道場是在北投，學習禪修、參加法會兩年後，面臨人生最重要的問題：此生穿白紗出嫁，還是出家穿袈裟。認真選擇後，選擇了出家修道。我是在電視上看到師父上人弘法的鏡頭，就決定跟隨師父出家修道，因為我選擇佛光山是菩薩道的道場，能夠為眾生服務奉獻，與大眾廣結善緣，於是辭掉工作就上山讀佛學院了。上山的第一天晚上在大雄寶殿前遇到師父和弟子們講話，不敢打擾，我頂禮師父後就回朝山會館雲水寮去讀經，那是第一次和師父見面。

之後就專心在佛學院讀書，日日忙碌，因為師父教導我們在學院裡要學習分秒必爭，善用時間。承蒙學院老師慈悲，我除了讀書就是每天三餐要典座（佛門煮飯供養大眾），時間是一整個學期，不輪組。佛學院烹煮都是用柴火，不用瓦斯，曾問為什麼？老師說這就是首任院長師父上人親自教導的，可以將山上的廢柴拿來利用，既利用資源又能節能。為了供應全山飲食，在佛學院我的一半時間都是出坡作務，服務大眾，讀書只能利用上課認真聽講記下筆記，利用零碎時間背誦經典和偈語、英文佛學等。這樣忙碌，我居然能夠很快將老師交代的經典偈語背誦起來，這不禁要感謝師父的教導。師父說他在走過寶橋時就可以打腹稿，從學院走到會館就可以開示。這樣的身教讓我自我勉勵，只要用心一定可以同時兼顧讀書和典座，也就是解行並重，半工半讀。多年來調職到海外，深深感謝這樣的嚴格訓練，使我不浪費時間，充分運用有限的時間工作、讀書和演講弘法。

師父給我最寶貴的一堂課是平等觀。

「眾生平等」是師父上人一生實踐的真理。世間上什麼最寶貴？師父說平等最寶貴。

平等觀源自於佛陀的教法，在當時印度種族階級森嚴的時代，佛陀以大無畏的精神提出「四姓平等」宣言，向社會革命，希望能夠打破種族隔閡，人我界線。

《華嚴經》云：「一切眾生皆有如來智慧德相，但以妄想、執著而不能證得。」

《圓覺經》說：「一切眾生本來成佛」，「一切眾生本來是佛」。佛陀初成道，在菩提樹下證悟時說：「大地眾生皆有如來智慧德相」，說明「心、佛、眾生三無差別」。

師父主張佛教要人我平等、男女平等、生佛平等、聖凡平等、理事平等，佛是覺悟的眾生，眾生是還沒有覺悟的佛，兩者是平等。

《金剛經》云：「菩薩摩訶薩應如是降伏其心！若卵生、若胎生、若濕生、若化生、若有想、若無想、若非有想非無想，我皆令入無餘涅槃而滅度之。」「無我相、無人相、無眾生相、無壽者相。」

所有一切眾生，四生九有都是平等，不但人與人平等，凡是有生命的，都應該相互尊重，相互平等。所有的差別都可以統一，所有的複雜都可以和諧，因為世間一切萬有，都是因緣所生法，是我們妄自分別、認識，就有很多不平等的現象了。

我的師父用一生的生命貫徹始終，實踐平等教法，不是空談，不是束之高閣的理論。師父尊重生命，對待法界眾生平等一如，師父沒有出家前就有平等的性格，他對人、對動物、對一切眾生都是公平對待。因為師父說凡是尊重生命，法界眾生本是一如，那就是平等之意。

「平等」的主張可以消弭人世間的不公平；平等必須植基於人我互尊，要能不分大小、不分貧富，都要互尊，才能做到自他平等。事理都能平等才能帶來世界的和平。

一九九五年南天寺落成開光後，師父指導弟子要在澳洲南天寺積極展開人間佛教的推動，要走入人間，將佛法傳播。隔年舉辦第一次澳紐短期出家修道會，我請求師父上人派一位男眾法師來主持法會，師父說：「為什麼是男眾？女眾也可以主法。」

我回答：「師父，短期出家修道會不都是男眾主法嗎？」「短期出家修道會不一定要男眾主法，女眾也可以擔任。」「過去從來沒有女眾主法，還是請求師父派一位男眾主法吧！」在苦苦哀求下，師父堅持道：「不派男眾，就是女眾主法了！我派一位女眾法師去主法！」

於是第一年師父真的派了女眾師兄依敏法師來主法，因為她要擔任有始以來的首位女眾主法者，壓力很大，一抵達南天寺，敏師兄說：「都是你害的，師父才會派我來主法。」我立時合掌感謝師兄的慈悲承擔，讓後學能夠有觀摩學習的機會；那一年順利舉行短期出家修道會，沒有人提出異議，大眾法喜充滿而歸。

第二年短期出家修道會，我再次請求師父派人，無論如何哀求師父，師父都不答應派男眾來主法。

師父說：「你看不起自己，看不起女性。」「你已經出家現大丈夫相了，不要自我貶低。」「男女外相上雖有差別，在人格尊嚴上是一樣的。」「你要自我承擔，自我肯定，做個頂天立地的出家人。」

總之，最後師父堅持，「沒有別人，就是你了，你自己主法。」

這晴天霹靂的指導，沒有其他選擇，我只能接受師父的教誨，由於沒有派人來主法，最後在戰戰兢兢下，生平首次擔任短期出家修道會的主法，此後三時繫念法會、供佛齋天法會等，在遙遠的國度都是自己上台主法，從陌生到熟悉，這是師父給我生命中重要的一堂課：平等觀。

多年後回想起這段因緣，非常感謝師父的教育，師父對弟子實在是大慈悲，他讓我學習要自我肯定本自具有的佛性，不要自甘墮落、自我貶抑，要勇敢面對，十法界生命都是平等一如的。

師父曾經在開示中以佛經中的比喻，以面孔上眼、耳、鼻、舌的鬥爭大會來說明世間有分別、不平等、有衝突、有對立，都是源自於妄自分別，基本上本體都是同體共生，眾生和佛都是平等一如，無二無別。

師父說所謂世間的平等就是各司其用，只要互相尊重，不侵犯，同中存異，異中不必求同，那就是平等的真義。

因為眾生平等，師父提倡男女平等，佛光山兩序大眾平等，無論上殿排班、過堂，男女眾分站東西單，各站一半，不必分前後，也根據個人能力領職服務大眾。

為落實僧信平等，師父創立國際佛光會，師父告訴佛光會員：「僧信二眾，如人之雙臂，鳥之雙翼，要共同擔負弘法利生的責任。」更設立檀講師制度，將弟子提升到老師，出家在家都可以宣揚教法為教奉獻。

為實踐生佛平等，師父的弟子遍布五大洲，無論非洲剛果，南美巴西、亞洲、韓國、澳洲、歐洲等都有不同膚色的出家在家弟子。

自古以來，人類要落實平等的觀念，非常困難。記得二〇一一年師父派我到羅馬梵諦岡去進行宗教交流，那是教宗本篤十六世上任後首次主持跨宗教交流，格外盛大，有五十餘個宗教團體參加。當我到達梵諦岡，夾道而來歡迎的人群中有許多修女們，她們看到我一直揮手歡迎，興奮不已。之後到亞西西（Assisi），搭乘梵諦岡的小火車前往亞西西交流大會，沿途看到夾道歡迎的修女們，揮手興奮地向我比讚，我還尚未了解為何修女們如此興奮，一直到進入會場，上大會主席台，我才赫然發現，我是唯一的女性神職人員，唯一的女性宗教代表，而台下沒有見到修女進入參加，這讓我震撼又感動，震撼的是科技發達，自由民主的世界，女性仍然不得擔任主教，感動的是師父落實了平等教法，原來只要發心，女性一樣可以擔任住持，代表佛教出席跨宗教交流，可以代表佛教出席國際活動，發表平等、環保、節能等宣言，為人類和平而努力，為人間帶來光明。

二〇一六年五月我再度代表佛光山到梵諦岡宗教交流，此次宗教交流研討會的主題，是印度教、天主教、佛教等各自以教義提出對關懷全球環境保護議題的看法，我代表佛光山發表「佛教對環境生態看法」，提出星雲大師「環保與心保」主張，並邀請全體與會者一起說「我們是一體」（we are one），期望所有與會大眾跨越宗教、種族、國界的區別，攜手共創三好四給五和人生，建立人間淨土。

參加與會的天主教神父們，都對佛教兩千五百年來佛陀的環保思想感到驚訝，對星雲大師在全球推動環保節能工作的成績敬佩不已，原來佛教是如此積極入世為人類、為眾生。宗教交流後主辦單位安排我和教宗方濟各在梵諦岡廣場見面，我代表師父向教宗問安，致贈《獻給旅行者三六五日》英文版給教宗，並邀請教宗到台灣訪問。

二〇一八年國際佛光會首次派代表於紐約聯合國總部參加第六十二屆會議（CSW62）聯合國婦女地位委員會，佛光會世界總會秘書長覺培法師偕同我、佛光山加拿大總住持永固法師、東南亞總住持覺誠法師等，我們相繼發表佛教對女性平等、平權的看法，頗受國際人士矚目，這一切的殊榮都是源自於師父的平等觀，真正落實男女平等、僧信平等。二〇二三年聯合國婦女地位委員會第六十七屆會議（CSW67）開幕典禮，聯合國祕書長古特雷斯說「性別平等正變得愈來愈遙不可及。在目前的軌道上，聯合國婦女署將其置於三百年之後。」

「世界還需要三百年才可達到的性別平等，佛教和佛光山早已做到！」這一切都源自於星雲大師在人間佛教裡提倡和實踐的平權、平等理念推向世界。《阿含經》佛陀說：「四種姓者，皆悉平等，無有勝如差別之異。」佛陀成道後的兩千多年來，師父打破傳統窠臼，實踐男女平等，因為師父認為男女都可以成道，在佛道成就上，在智慧解脫上男女是沒有分別的。

曾經有記者問師父：「大師，你身邊女眾弟子似乎比男眾弟子多？」師父幽默地回答說：「我看不到男人，也看不到女人，我只看到出家人，看到佛陀的真理。」師父真的是不住相，無我相、無人相、無眾生相。

今生如果能夠為佛教、為大眾服務，盡點棉薄心力，我都要感恩佛光山教團和大師的慈悲成就。

感謝佛陀平等教法，感謝師父落實平等，讓弟子們只要發菩提心，無論出家在家都能貢獻一己之力，推動人間佛教。

感謝師父上人，讓我成為一位有尊嚴，在相互平等尊重的教團裡服務，成為一位佛光弟子，幸福的出家人！

師父教我「做中學」

滿潤法師

佛光山日本教區總住持

滿潤

師父說「做中學」，在工作中可以有許多學習的機會。而機會也總留給準備好的人。

記得在佛學院時，有一天，老師請來了師父與我們共餐，在中庭架了兩個大鍋，師長們的席位在圓門，同學們就坐在四十坡的階梯上。

第一次擔任師長席的「行堂」，非常緊張，自己預想：如何上菜，如何擺桌？晚上都睡不好。

緊張了一個星期，結果，第一句話就破功了。

迎來了大師，坐下來。我上前說：「師父喝茶嗎？」師父看我一眼，「你問喝茶嗎？我如果說不喝，你就不送茶了嗎？」

看到呆著的我，慈悲地往下說：「客人來，茶就送上，說『請喝茶』，看客人沒喝，再加一句『給您來杯咖啡或熱開水？』這樣一定能讓客人有東西喝。」

傻傻的弟子，趕緊送上一杯六分滿的茶，因為太少像剩的，太多又容易溢出或燙手。在工作中，慢慢體會觀察別人的需要，行堂知客如何在不打擾他人談話下，將茶水點心順利地送到每個人手邊。在大師身邊，處處都是「心」的學習。大師以「人」為尊，讓來山的人得到安心與被尊重的感覺，所以大家都喜歡親近他。

師父說「先給」

到日本群馬建法水寺，因為地方上的人不了解佛光山，只覺得是外國來的團體，所以沒有深入了解，就是先反對，工程也一直無法進行。二〇一二年，首先我去住在當地伊香保，想找出破冰的方法。

猶記得師父講的幾句話，「先給，讓人接受。」「讓人歡喜佛光山的到來。」

他還進一步說：「辦活動，讓信徒住到伊香保溫泉區的飯店，他們就會喜歡佛光山的到來。」依著大師的指示，二〇一三年開始，在慈容法師的號召下，覺培法師率領中華總會，覺誠法師率東南亞地區各協會，全力支持，

讓每年都有上千人住到伊香保的飯店。

台灣的遊客促進了當地的觀光發展，個人旅遊的旅客，都受到巴士司機、計程車司機的感謝，佛光山帶來了觀光人潮，觀光協會會長也來感謝。在這種氣氛中，二〇一八年大雄寶殿終於順利完工啟用。

疫情中，也用「給」：給醫療人員口罩、防護衣，給每個來法水寺的人口罩七枚，開始有附近的人家，每周六一家大小來拿口罩，「順便」拜佛。但秉持師父的「給人歡喜」，三年間在信徒代表謝明達的支持下，送了幾十萬個口罩。

法水寺終於在二〇二一、二〇二二獲得日本旅遊新聞社的推薦，入選日本百大觀光景點。

從被反對到給人接受，用的就是大師的一字訣「給」，給人歡喜、給人方便，成就今天法水寺在日本站穩了腳步。

師父這麼多的法身舍利，好好地運用實踐，必然能有願必成。

我的師父隨時隨機地教育著徒眾們，不嫌棄我們的愚笨，希望將頑鐵化成鋼，都能發心弘法，庇護眾生。再次想對師父說：謝謝師父！我們會以師志為己志的。

東京大學榮譽教授木村清孝也特地從日本來拈香，獻上七言絕句。他在舍利堂獻詩：「九十七年離二邊，看花渡水且隨緣；期春入寂光明裡，庶幾生生與法筵。」

木村教授以此緬懷大師。他更發願：「希望生生世世與大師相遇，為大師的弘法大業，獻上自己的力量。」

師父，我們等著您。

守靈憶師恩

滿觀法師　佛光文化事業有限公司社長

滿觀

清晨四點半，天空尚黝黑，走出寮區行至大雄寶殿後方，已隱約聽到佛號聲。

來到雲居樓前，和大家一起排班，魚貫進入靈堂守靈，三拜、問訊、靜坐念佛。「南無本師釋迦牟尼佛」宏亮、莊嚴的唱誦聲，七天不斷，繚繞整個靈堂。

我仰望前方潔白的覆鉢式圓筒涅槃塔。師父端坐裡面。

一生精進不懈、永不休息的師父，最後仍不願意讓身體躺下。（如果他的腿能站立，或許他更希望立化？）還有，一般的助念念佛，都是「南無阿彌陀佛」，祈能往生極樂世界。但是，我們的師父不到西方。他以人間佛陀為榜樣，他要生生世世來人間做和尚，繼續弘法利生。

師父的慈悲與智慧，眾人皆知。他的悲智，是周遍圓滿的悲智；是真心誠心、無私無我，念念為他人、為社會、為全世界，求幸福、謀和平的慈悲與智慧。

清晨，靜謐的靈堂，在「南無本師釋迦牟尼佛」的佛號間隙中，我思念師父，師父對我的種種教誨，一幕一幕湧上心頭。

為大事也　不捨一人

三十二年前，十一月十日，我寫了一封信給師父，簡單說明自己的學經歷和學佛過程，並表達想出家的意願。隔天，師父召見我，第一次當面談話（以前只在中正紀念堂聽過他講演）。那時他一隻腿還裹著厚厚的石膏，說是前些日子跌傷的。

談話約二十分鐘，師父即說：

「好，明天就讓妳出家。」接著他問：「出家後，給妳兩條路選擇，一是去主編《覺世旬刊》，二是到佛學院讀書，學做一個出家人。」

當然，我馬上選擇去佛學院讀書。當天住進佛學院，晚上兩位老師幫我落髮。

第二天，十一月十二日，學院院長帶我到法堂禮座。我合掌跪在師父面前，師父看著我幾秒。在一張紙上寫下：「楊玉雪，法號　滿觀」。十一乘十八公分的淺粉紅色紙張，我護貝保留珍藏至今。

後來得知即使是佛學院的學生，請求剃度還不一定能通過。多年後，我請問師父，為何只看了我的信，談了幾句話，就讓我出家？師父看著我，反問：「你說呢？」我篤定回答：「師父，您知道我出家後，會永不退轉。」

師父微微點頭。

隔年五月，我和許多師兄弟到美國西來寺受三壇大戒。戒期結束，師父問我，留在美國西來寺佛光會，好嗎？我說：「以前聽說來西來寺，必須具備三項技能：會英文、會電腦、會開車。我三項都不會呢。」

雖然師父說不會也沒關係，但我終究沒有留下來。

佛學院畢業，我繼續留在學院當老師。四年後，有人推薦我到台北的佛光文化擔任總編輯。編書是我喜歡的工作。上面有文化院院長，因此，師父只偶爾來關心，少給予直接的指導。

五年後，請調回山。當時，師父身邊的侍者私下告訴我：「你應該到書記室的，師父一直在等你。」

書記室？是什麼單位？

一向頭腦簡單，不擅眼觀四面、耳聽八方，又不會察言觀色、拙於審時度勢的我，進入書記室，才知道它是直接隸屬師父的單位。以後就常常見到師父，接受師父的指導與教誨，甚至棒喝。我的文字編輯經歷，得以在此服務。對文字、編輯的某些「法執」，也因師父的點撥和身教，稍有了舒緩面對的心情，學到多幾分的包容與融通。

二〇〇七年春夏，我的右眼兩度視網膜剝離，兩度手術之後，這隻眼睛只剩〇．一的斑駁視力。自覺已不適合再從事文字工作，便向師父請辭法堂書記室主任之職。

師父說：「我的眼睛也不好，我能體會你的心情。」並問我想調到哪裡？

我五音不全、音感差、活動力弱，從來不敢到別分院做法務的工作，但為了學習第一線面對信徒，或許可以嘗試「社教」工作。於是師父給了我「普門寺社教主任」的派令。

就在行李托運之際，師父把我叫去：「有一個工作更適合你。大陸現在逐漸開放，需要有人去做出版工作……」為了讓我放心，又說：「你不用看稿，有空時可以去遊山玩水。」

那時，我感動師父的「不捨一人」。他知道把我放在別分院，只會顯露我的笨拙。

經過在書記室的熏陶，深知師父總是為人著想，他的安排必定是最適當、最好的。當下，我以「依教奉行」回報師父的慈悲。

就這樣，我去到上海，成立了大覺文化傳播公司，七年裡，將師父兩百多種的著作以簡體字在大陸出版，其中有不少書列入大陸全國暢銷書排行榜。

二〇一〇年前後，是兩岸宗教交流鼎盛的時光。那幾年，也是師父到大陸弘法最頻繁的時期，他每次來都會關心大覺文化的人與事。見我們凡事依循他最初指示的「一切要合法」在運作，頗放心。在上海七年，師父是我最大的靠山。我逢事必報告、必請示，共寫了一百多封的信給師父。師父的教導、回覆就是定心丸！

二〇一四年，我又因眼睛的關係請調回台灣。師父問我接下來想做什麼，我說想寫一部佛教小說。於是他讓我回到書記室，給我一年的時間專心寫作。

這些事讓我深深體會和感動師父的「不捨一人」！當我因眼睛不良而放棄一向熱愛的編輯、寫作，師父卻不願放棄我。他知道，唯有在書海裡，我才能盡情暢游，才能活出生命的價值。

望之儼然　即之也溫

望之，師父是偉岸莊嚴、令人肅然起敬的一代宗師；即之，師父如大海，可以涵容愚智、貧富、淨穢等一切眾生，是磁鐵，以無限的慈悲智慧，牢牢吸住每個人的心。

以前剛學佛時，從經典認識佛陀。覺得他好偉大，他的大慈悲、大智慧，真是難以形容，難以在世上再找到這樣的聖者。

後來跟著師父出家，尤其在書記室近距離地受教，愈來愈覺得在師父身上看到了佛陀的影子。常常師父說的、做的，看經典時，會發現原來佛陀就是如是說，就是如是做。是師父本自具足佛德？還是師父從經典、從他寫的《釋迦牟尼佛傳》而學得的？兩者都有吧。

壯如高山的師父，有著細膩的菩薩心腸。

記得有一年到日本本栖寺，看著大夥兒騎腳踏車環湖，好不愜意。羨慕之餘，我便在師兄協助下，搖搖晃晃學會騎腳踏車了。有一天，在寺院空地上繞圈子。師父和幾位弟子在不遠斜坡上跑香，一位師兄跟我招手，我一見師父，就興奮衝過去，一上斜坡，猛踩腳踏，卻是走沒幾步就滑下來。事後那位師兄告訴我，當時他一舉手，師父就制止，說：「不要叫他，他才剛學騎車，力道不夠，爬不上來。」但是已來不及。果然如師父所料。

佛光人都知道師父的慈悲心是遍及動物的，大如駱駝、大象，小至蚯蚓、蚊蟲，他都真心護念。

許多年前，一隻白色紋鳥飛進來如來殿一樓，在地上一步一步跳著，也不怕生，手伸出，牠即跳上手指頭。幾位師兄欣喜地逗弄，牠藍色小眼珠好奇地張望，粉紅喙子一張一翕，煞是可愛。想起師父喜愛動物，便帶著牠走去當時還在如來殿二樓的法堂。師父正坐在椅上看書，我像小孩子獻寶似的開心說道：「師父，有一隻小鳥跑進來耶！」師父抬頭，眼神慈愛溫柔，他手指輕輕撫了幾下鳥背，說：「牠肚子餓了，找東西給牠吃。」慚愧，我們只顧著和牠玩，竟沒想到牠會肚子餓！

還有，師父一向「以人為本」，輕物重情。

有一次在法堂，氣溫稍降，我拿起放在椅背的外套要讓師父穿上，「叩——」一聲，一支手機從外套口袋摔到地上，旁邊的人叫道：「手機摔壞了，那麼不小心……」師父見我一臉惶恐，不待她說完即插嘴：「他不知道裡面有東西！」師父一開口，四周原本想七嘴八舌的人都噤聲了。

是的，只要有機會接觸，很少有人不被師父的體貼周到感動，也都能細數自己一籮筐的感動。

七天守靈，我都坐在西單。佛號聲中，望著前方看板，師父以「星雲」

為題的現代詩。以前讀此詩，只感覺師父文采優美、浪漫。「夜晚，有美麗的星星；白天，有飄動的白雲。」

星、雲，在虛空，虛空無垠，遍三千大千世界。

星雲浩瀚、浩瀚星雲，師父的法，化作星，化作雲，如此磅礡！

此刻，我才領悟。

師父，卸下肉體的梏桎，現在您的心識，應如星如雲般在虛空中自在翱翔吧？

請別讓我們等太久。等您回來。

往昔所造諸惡業
由無始貪瞋癡從
語意之所生一切我
今皆懺悔
無生法忍
星雲

師父，您在哪裡？

在開山寮、在法堂、在醫院
包子、蘋果　是
師父的懸念　關懷　是
弟子安心的印記（密碼）

捨去的報身
崩裂
守靈　跪送　跪接　跪拜
我們只想一拜　數十年的一拜
不要此刻的三拜、九拜

開山寮、法堂、醫院

師父，現在您在哪裡？
說如星如雲　無所不在
說在我們心裡

可　我的心
隨雲遠颺　隨星高飛
不知所措的空殼
杵著

為沙彌教育奉獻

慧顯法師
佛光山印度德里文教中心主任

給人信心

講到師父上人對我們的調教、開示，我想起在一九九八年要去印度受戒之前，師父集合所有新剃度的弟子，在如來殿U型會議室面談接心。師父問我幾個問題後，就說他授記我，將來要回到馬來西亞去弘法。那時我才剛出家，不過二十二歲左右，師父的話聽得我腦袋一片空白，卻也在我心裡種下種子：師父對我如此信任，我不能讓師父失望。我必須努力學習。

果不其然，佛學院念到三年級時，二〇〇〇年，師父就讓我們提早畢業，大部分都到了都監院。七、八個月後，師父在如來殿的會客室裡，分別見了我和幾個師兄弟，詢問派人到馬來西亞當住持一事。當下我只能害怕地告訴師父：我不會當住持，不懂寺院行政，更不知如何領導住眾。

師父問我：「你有慈悲嗎？」我想，慈悲心是出家人的基本，怎麼會沒有呢？師父說：「你有慈悲就可以去當住持了。」「可是我才二十五歲！」師父說他二十一歲就當校長了，你二十五歲怎麼不能當住持呢？我一時無話可說。他沒給我多少時間思索就直接要我去馬來西亞上任。

就在這樣的因緣，我被調到馬來西亞。師父常說「給人信心」，他真的很會給人信心。身為馬來西亞的鄉下孩子，若非有師父的調教，怎能想像有這種成就？一生中能到達如此境界，可說都是師父賜予的。師父真的翻轉了我們的生命。

你要發菩提心！

到了馬來西亞，各種事情自然都要從頭學起。記得日本本栖寺剛啟用未久，就為住持主管舉辦了第一屆講習，我藉此機會，向師父反應了很多馬來西亞徒眾的管理問題。

那時我們在本栖寺的五觀堂，落地玻璃看出去就是富士山，我單獨向師父報告。師父很慈悲，讓我慢慢地、完整地說這些對師父來講是非常小的事情。結果師父只簡單說了一句：「你今天講了一部《大乘起信論》。」

我有一種快要開悟的感覺。這是什麼意思？我跟師父說的是人事問題，是希望師父能調派新的人手給我，把這些我認為有問題的人調走。可是師父並沒有解決我的問題，只丟下一句「你說了一部《大乘起信論》」，然後起身就走。我尾隨著師父，頭腦一直在轉：師父這句話到底是什麼意思？

我花了十年才想明白師父的意思。師父說《大乘起信論》，其實是在教訓我：你怎麼不發心呢？你應該要發菩提心啊！你應該做一個菩薩，要能夠包容、慈悲啊！怎麼只看到別人的問題呢？那你對他們包容了嗎？對他們慈悲了嗎？你有發心、要去改善別人的問題，甚至協助別人嗎？

我感到非常慚愧。那麼久以後才明白，原來師父要告訴我的是：「你要發菩提心啊！」儘管花了十年才想明白，也因此印象非常深刻，在往後的弘法生涯中，一直不敢或忘師父這句話。當我們看到別人的問題時，應該反省自己的發心足夠嗎？自己的慈悲具備嗎？如果問題還不能解決，那肯定不是別人的問題，而是自己的發心不夠、慈悲不夠。

鴨子划水

在馬來西亞，我們辦了第一屆短期出家，有很多青年來參加。師父很慈悲，過來為我們主持、開示，還有一系列的弘法。有一次我們安排記者來採訪師父，時間、地點都說定了，我先去媒體約定採訪的地點，確認是不是都安排好了，確定後再來請師父。沒想到師父從不遲到，等我出發去接師父，師父已經自己出發了。我急忙小跑步地追上師父，他只是頭也不回地等我從後面追上，然後說：「不急、不急。」

師父的話語，真能攝受人，一句「不急、不急」，讓我急躁的心，馬上安穩下來。

還有一次，我急著在師父身旁坐下，沒有撩衣，師父提醒：「可以這樣把袈裟坐在椅子上嗎？」這兩件事都可以看出師父的威儀之好，與對威儀的注重。出家人的代表就是袈裟，哪怕為了處理事情，也不能亂了套。你出家，這就是本分，袈裟就代表出家的戒法。應對袈裟禮敬，時常記得這是在禮敬袈裟、禮敬戒法。

師父常講「鴨子划水」。做事很忙，事情很多，處理事情，心不要急，要學會事情一件一件地做，不要著急。因為急，就會慌；慌了，很可能事情就會處理得不圓滿……，師父隨時隨地注意我們，給予我們機會教育，真是令人非常受用。

只要你成材，我願為你犧牲

在馬來西亞服務滿六年後，師父讓我調職，原本是規劃我再回都監院，可是當我說想要進堂禪修，師父仍慈悲地滿了我的願。之後我向師父申請要去印度，師父就非常考驗我了。他說你的事，我們以後再說。我想，師父是在觀察我是否具備條件去印度，畢竟在印度弘法不是那麼容易，如果沒有準備好就過去，會不會遇到了困難、問題，就打退堂鼓，甚至退心呢？

想到一九九八年，師父帶領長老師兄在印度舉辦三壇大戒，我們這些戒子都為師父、常住這種大慈悲的承擔所感動。我當下發願，將來自己有能力時，一定要回來回饋印度，以此報答師父復興印度佛教的心願。

師父在《百年佛緣》〈我感念佛陀的祖國～印度〉文中說，到了正覺大塔那一刻，當下覺得：「佛陀啊！我找到您了！原來您就在這裡，就讓我也死在這裡陪伴您吧！」師父的宗教情操如此感人，我們當時能夠在印度受戒，受到師父願力的感召，自然很想為師父圓滿復興印度佛教的心願。

我剛調派到印度的頭兩年，不管我向師父報告，想在這裡成立出版社、男眾佛學院或男眾育幼院等，師父都不同意。現在回想起來，應該是當時我還沒有準備好。師父也知道我們的狀況，所以讓我們利用時間先了解印度這個地方，先到處去結緣：做慈善救濟、做義診這些活動。

二〇一〇年，師父或許覺得因緣俱足了，就指示我：「你可以去辦沙彌學園」。最早的招生，也因為有前面兩年做義診的結緣，很多鄉下地方已經認識我們，知道我們是漢傳佛教的團體，所以願意把孩子送來德里，接受沙彌的教育。我們當然不懂怎麼帶小朋友，有點土法煉鋼，應該要怎麼做，就摸著石頭過河，邊做邊學習。

對於「沙彌教育」，師父說：「只要你成材，我願為你犧牲。」那麼偉大的師父，就是有教無類：無論你是大人、小孩，他一樣給你因緣，讓你成長、供你成長所需，就算要犧牲他自己，他也願意。這讓我們更加期許自己，要用心來辦沙彌教育，把這些沙彌當成佛陀一樣地培養。為了讓他們成材，師父都願意為他們犧牲了，我們當然更願意追隨師父的腳步，去成就這件事。

師父的詩〈佛陀，您在哪裡？〉佛陀不在聖地嗎？不在經藏中嗎？甚至說佛陀不在我們的心中嗎？我從師父那句「只要你成材，我願為你犧牲」得到的感悟是，沙彌就是「佛陀」，辦沙彌教育就是我們的「選佛場」。

給人因緣

我們最初從五個學生開始，隔年還要去招生，之後就有了口碑，到了沙彌學園入學考試招生時，大家口耳相傳，家長就會帶著孩子來報名參加。我們的淘汰率很高，來報名、考試的，幾乎都有上百人，錄取的頂多就是十幾二十人。經過一、兩個月的適應，畢竟是沙彌教育，不想出家的就會離開，所以二十人又會剩下十人。這樣扣下來，等於一百個來報名的只收十個。我們要精選，不能只看人數。慢慢地，學校從五個人增加到將近八、九十人。

二〇一三年，沙彌第一次回山向師父禮座。二〇一六年，師父請我們到佛陀紀念館用餐，師父對沙彌教育的重視，讓我們覺得受寵若驚。師父除了準備好吃的美食給沙彌們享用，也問了這些沙彌同學「長大以後要做什麼？」我捏了一把冷汗。他們有辦法回答嗎？當時沙彌頂多受了三、五年的中文教育，又都是十幾歲的青少年，最小的只有八、九歲呢！沒想到，這些沙彌跟師父的因緣很深厚，他們竟然都聽得懂師父的口音，我們幾乎都不用翻譯。我很納悶，因為一般大人也常要用心聽，才能聽懂師父的揚州口音，可是這些沙彌都聽得懂。

他們也非常勇敢，每個人拿起麥克風，就說我將來要做什麼、長大要做什麼。一位叫乘敬的沙彌則跟師父說：「我長大要跟您一樣。」現場的師父、長老聽了，都笑得非常非常開心。師父很會啟發人，他講的話能夠引導人發自內心、把一些潛在的東西啟發出來。

二〇一八年，沙彌第三度回總本山尋根。有位叫乘海的沙彌，說他最大的心願就是想跟星雲大師握手。這句話不知怎地輾轉傳到了法堂。

我記得那時已經是晚上九點半了，沙彌們還在麻竹園的祇園廳寫日記。突然間聽說師父來了，大家都非常地歡喜，師父說要來跟大家握手。當時我最擔心師父要一個、一個地，握三十幾個人的手，而且不是隨便握握，而是師父把手交給沙彌，讓沙彌握到覺得滿足。他不會催促，是看他們想握多久。我一直在想師父的手會不會痠？會不會累？因為他一直舉著手。雖然坐在輪椅上，但手是提起來的。我扶著師父的手肘，非常擔心，可是師父始終面不改色，慈祥地看著每一位沙彌，一一跟他們握手。

那個畫面，今天想起來還是很感動。不知道這些小朋友是否露水道心？穩定了沒有？也不知道長大以後真的會堅持嗎？道心能夠鞏固嗎？可是師父就是願意給人因緣，不放過跟徒眾、弟子有那麼一點結緣的機會。所以當時握到手的小朋友都非常歡喜，長大後有人說，還能夠記得師父手的柔軟、手的溫度。

《往事百語》

師父的《全集》裡面，影響我最多的就是《往事百語》。從中不僅看到師父的宗教情操，師父還用現代的白話文來重新詮釋佛法，讓佛法變得可以落實、有一個著手之處。譬如有一篇〈敢，很重要〉，講到師父面對困難明知不可為，可他還是很勇敢地去為所當為。文章帶給我們的啟發，就是即使在弘法的路上面對困難，也被師父這句「敢，很重要」推動著，敢繼續走下去。

比如說有一次，帶著沙彌去八大聖地朝聖，在往毗舍離（Vaiśālī）的途中遇到示威群眾。他們用樹幹把馬路攔住，樹幹擋在路中央，逼車子停下來。接著許多人從四面八方衝出來，用棍子、各種東西敲打巴士前面的擋風玻璃。那當下真是非常非常恐怖，而就在這千鈞一髮之際，師父的「敢，很重要」，引導我們去告訴這些抗議群眾，我們都是出家人，請不要傷害我們。群眾裡面有一個比較善良的人，他見我們穿著僧服，就呼籲：「他們是出家人，不要為難他們。」說服大家把樹幹挪開，讓我們有驚無險地離開。這個勇氣和智慧力量是從哪裡來？就是師父的影響。

《往事百語》還有一篇〈檢查自己的心〉。檢查自己的心，是一種自我反省、自我檢討，當我們面對內心的貪嗔痴、在天人交戰時，有沒有辦法檢查自己的心？有沒有辦法反省自己？當自私自利充斥著內心，我們有沒有辦法檢查自己的心，讓自己能夠突破這個自私，然後學習菩薩的無我、發菩提心？

這篇也常常讓我反省自己，在教育沙彌的過程中，是否處處以沙彌成長為出發點，還是出於自己的情緒與虛榮。學生難免會犯規，有時候也會調皮，於是我學習師父在《往事百語》裡講的「檢查自己的心」：我要處罰他或是教訓他，是出於嗔恨心或自尊心嗎？是為了滿足自己的權威，所以想教訓他嗎？如此，經過思考以後再處理，就會呈現出教育的效果。

在教學的過程中，我發現當我們檢查自己的心，只要出發點是善的，不管是好好說，還是有時候給以教訓，都只是一種過程。教育的目的都在，他們便會成長。

我記得有位沙彌，經常在早晚課誦三拜後，唱〈爐香讚〉時，開頭的「爐」字，還沒有舉完腔，他基本上就已經開始打瞌睡了，身體一直在晃。不管怎麼講，他依然故我，五堂功課，早晚課誦，肯定都是在睡覺。各種處罰教訓等都沒有太大改善。後來我檢查自己的心，會不會是因為他累了呢？會不會是因為他不懂我們早晚課誦的意義與價值呢？後來用了一些方法，甚至讓他生起慚愧心：常住栽培我們，信徒布施、供養我們，我們怎麼可以在早晚課誦的時候懈怠、墮落呢？這麼做幾次以後，這位沙彌就慢慢不再打瞌睡了。

師父說過，「沒有教不會的學生，只有不會教的老師。」這也是我們沙彌學園老師們的座右銘。師父的意思是：沒有不聽話的學生，只有不會教、不會啟發人的老師。因為學生都會聽話、都聽得懂，都是有善根的。應機施教，觀察不同的根機，施用不同的方式，有的人要嚴厲一點，有的人要說教，有的人要給予機會，有的甚至要對他慈悲、包容他，讓他起慚愧心，他就會改變。

因為《往事百語》的「檢查自己的心」，啟發了我們，知道該如何教學。

浩瀚師心，點滴法緣

慧屏法師　佛光山義工會會長

慧屏

敬愛的師父，時常深思與您相處的點滴，總成為我心中的一盞明燈，伴我在富足又孤寂的弘法修道路上，學習勇敢地闊步前行、奮起飛揚。我邊憶念您，邊如流水帳般零零碎碎地記下當時場景言談，以供養大眾，有緣者相應者，請隨意自取，定受用無窮，相信只要有益於大眾，師父您必是樂見其成的。

出家前，我在青年團的歡迎隊伍中遙望您，青年依序被介紹後都獲得您的點頭稱好。對於我，您僅駐足凝視，叮囑：「要發大心。」隨後便離開。僅四個字，卻如雷貫耳，直通心際。

拜見時，您一句：「要我幫你開示可以，但是你準備好（出家）了沒？」促使我邁上「睜著眼投胎」的出家重生之路！感謝慈悲不棄，連資質駑鈍如我，都納受為徒，提攜照護。平日那師徒之間點滴的法乳潤澤，自是細數不盡，那隻字片語的提點，揚眉瞬目、諄諄教誨的身影，都深植心田，隨時可如電影般重新放映，用一生細細參究！盼來世再續因緣，盡未來際的跟隨。

出家後，隨眾參與您與弟子討論常住春節布置的會議，會中決議遍植花海於佛館，您隨即要求弟子們分工討論如何取得花草、完成種植⋯⋯，一頓熱烈討論後，您開口：「明白說，其實只要我一句話，這些什麼花啊、草啊，我相信都會有！都有人願意免費送給我。但我就是不肯開口，我要你們自己去努力、奮鬥，才有價值，才能成長，那才是你們的。」佛門中那用心良苦的師徒教育傳承，甚是動人。原來有些時候不給、沒有，反而能獲得更多！如您所說：「無，不是沒有，你懂得以後，『無』的裡面，只要有發心，它是無窮無盡、無限無量的。」

您登台演講時，會饒富禪味地說：「今天我要講的這個佛法，稀鬆平常，你們聽了可能也沒什麼特別感覺。但如果今天每人進場要收一百萬元，噢！那就不一樣了，你會覺得我星雲大師講的任何話，都格外珍貴、特別受用。」佛門有「重法不輕說」之見，您卻總慈悲地廣開方便、遍撒菩提種！實際上，道在日常，俯拾即是。弟子們若未能識得而契入、實踐，也是徒然。如您常幽默提點徒眾：「人家布毛侍者透過一根小小的布毛就開悟了，我現在即使把我的整件長衫脫下來，在你面前抖啊抖的，你也無法開悟啊！」是啊！那開悟瞬間，是要多少萬死千生的鍛鍊累積啊！只有善聽、諦聽您的隻字片語，以稀有難得之心相應於師心，方能滋養法身慧命，培植未來荷擔如來家業的力量。

有次在隨您弘法的回程巴士上，與您隔著走道比鄰而坐，出於恭敬之心並懾於您的威德，實在無法放鬆入睡，就這樣雙眼慣性地停留在您身上，凝視著您的一舉一動。或許您也慣於敏銳細緻地關照身邊所有人吧？故開口道：「慧屏，你唸這本書給我聽。」我接過您手摸著的那本書，翻開的剎那，心中不禁慌張：「啊！這是本照片集，根本沒有文字，怎麼唸給師父聽啊？」您問：「書裡寫什麼？」我只好尷尬如實地報告：「師父，整本都只有照片耶。」您不疾不徐、溫暖地指導我：「那你就先唸目錄，然後說說圖片內容給我聽。」於是乎，我便開始生硬地唸著目錄，然後盡其所能用有限的詞彙，敘述著圖片的內容、配置、色彩，及可能要展現的意境。就這樣說了一頁、二頁、三頁、四頁、五頁……從原本緊繃詞窮的狀態，到後來莫名感到一種特殊輕鬆的師徒時光，我們竟然在看圖說故事，恣意地發揮交流，不在文字、不在語言，而是看到萬物景象後，內心反映出來的世界。真的，好珍貴！

其實，我沒把握您是否真的感受到我敘述的畫面。但是這些日常平凡的片刻，都讓我感受到是您刻意犧牲自己難得短暫的休息時間，不著痕跡地引領著弟子學習如何提綱挈領地快速領略一本書，更耐心地培養弟子描述景象、體會情境的能力，我當下感動莫名，深感師心廣大無邊，潤物細無聲。

隨著山中出家歲月的推移，亦承蒙常住慈悲，讓我領了份職，能夠為您栽培、照顧徒眾的那份心，略盡棉薄之力。談到對弟子的養成教育，您說：「佛門裡師父有很多種，有的很努力、認真在教導，念茲在茲緊迫盯人，有的就不一定，很少在管徒弟，任其發展。我就是屬於後者啊，我也懶得管，因為管了也不一定會聽啊！」您雖然口頭上如是說，然在指導徒眾調派的時候，卻說：「你把那位法師，調到那個單位給他去領職歷練。明白說，他不得辦法，做不成功的，你要多幫他。但是那不要緊，給他去感受感受。」我答道：「是啊，師父，不是得到就是學到。說不一定他到那裡會激發潛能，就成功了！」「對的、對的，你去辦吧！」那個口中說懶得管徒弟的您，卻用盡心思，給了弟子最好的成長因緣與環境，更細緻地照顧了弟子的感受顏面。

您也曾在大眾面前說：「那個某某法師很能幹啊！在佛光山排名數一數二的。我就在想，當初我把他送到大學去讀書，大學有這麼厲害嗎？能把人培養到那麼的能幹啊？我想不是，是這位徒眾他自己有本事！」原來當弟子有了成就，就變成是「弟子自己有本事」，跟全心全意給予護持因緣的您「一點關係都沒有」。但是看著弟子的成就，我相信您比任何人都要歡喜。

您疼惜弟子、愛護人才，總是傾盡所有地給予因緣。記得一次在討論未來佛光山人才培養計畫的時候，您語重心長地說了句：「其實人才不是培養出來的，人才是可遇不可求啊！」您也曾說：「在我看來，佛教裡面人才不夠！」皆能感受到您心心念念「為了佛教」，對佛教未來的發展，急需青年人才投入的那份迫切感，所以對於徒眾、人才，您總是極盡呵護。我想到自己，比起諸多卓越的師兄，真不是塊人才的料，只期許至少能成為常住的一份人力。但您依舊本著「破銅爛鐵也能成鋼」的信念，不捨任何一人，堅信弟子，只要肯發心、依止佛法、活在眾中，就會有光明燦爛的未來！

對於徒眾的醫療照顧，因費用多是一大筆可觀的數字，當我請示原則時，您常會說：「給一點支持幫助不要緊！」身旁或有人會產生不同意見，例如覺得整體徒眾如此之多，若沒有依照規劃的醫療額度，建構常住制度，未來會面臨困境。您卻只是淡淡地說了一句：「我再說一次，我們救濟都在救濟了啊！聽得懂嗎？」我答道：「是！不認識的人我們都在慈善救濟了，何況是自己師兄弟，更該照顧。」「對的，但是弟子自己也要有個觀念，雖然常住會照顧你，但也要看你自己對常住貢獻多少？有沒有發心結緣？有沒有在法上用功？幫助了常住多少？不能老想著靠常住，人跟人都是雙向、互相的，要知道你對大眾沒有貢獻，人家自然不會支持你的，怪不得人的。」您如是說。是啊！雖然師父上人您慈悲，但身為弟子的我們，卻不能不知道進退分寸。

除徒眾外，徒眾家屬的照顧，您也很關心，提點道：「我跟你說，在佛光山很特殊，你可以對弟子不好，反正出家人修道，受一點委屈應該的，但是你不能對徒眾的家屬不好，這樣他會覺得自己在佛光山沒有份量，沒有面子。」真是深深佩服您照顧弟子那份圓融周到而細緻的心！

您深知假合的色身終有極限，面對生死總是自在淡然，說：「我早就準備好了，是他們（徒眾）沒準備好。」故您用了整整十年的時間讓弟子們學習面對。二〇一三年在大覺堂集眾，由侍者讀誦〈真誠的告白〉全文。當眾弟子低聲啜泣拭淚，恭送您回寮時，皆淚眼婆娑、恭敬合掌，不斷訴說需要您的帶領指導，且發願弘揚人間佛教。空氣中瀰漫傷感氣息，您卻在上車後，爽朗地開口：「放心啦，我還沒要走！佛光山的徒弟們，我故意要唸給他們聽刺激一下，才可提升道念，發心度眾。」車上弟子都破涕為笑了，不知是因您的幽默，還是放下了胡思亂想的擔憂。當然也讓我想起在為您推輪椅時，您總心心念念於常住未來的發展：「時代不一樣了，能夠進步就進步，為什麼非得要讓步呢？」縱如自身生死的議題，亦都是您提振常住發展的因緣契機與法門。

二〇一六年術後的幾年，您說了數次：「我星雲大師早該走了，後面這幾年莫名其妙怎麼活下來的我自己都不知道？」現在回想起來，您除了為佛教而留，大概也是為弟子留壽，以成熟弟子吧？直至二〇二〇年，大殿前的跑香，您依舊不懼病苦，奮力地說：「我眼耳鼻舌都沒有作用了，身體不行了。現在我要感謝你們，你們要來幫忙佛教，我沒有辦法了。」弟子雖連忙接話：「師父您有心啊！」您卻沒有因此中斷，再重複道：「我沒辦法了，希望你們要再發心，為了佛教！這就是我全部的心願，如此而已。」弟子們聽後，都連聲道：「師父您放心，我們一定發心，一定為佛教，一定……」當晚，您重複了三次。我感動之餘，也好奇年輕力壯時的您，比起現在是否嚴格得多？從資深侍者口中得到的答案竟是：「年輕時更具耐心。」對於晚年反而比較嚴格的原因，您說：「我老了，時間不夠了，沒辦法慢慢教，難得師徒見面，一定要直接把問題告訴弟子，他們才能記住……」師父，您是真正的大慈大悲啊！

二〇二三年，您依佛陀宣說世間一切皆成住壞空的真理示寂，帶來震撼教育！佛光弟子除了不捨，卻也展現集體創作、為法忘軀的精神力。我痴心妄想地盼望著您是否會如《醫子喻》的故事情節般再次出現，像二〇一三年那次一樣，爽朗地說到：「放心啦，我還沒要走！佛光山的徒弟們，我故意要唸給他們聽，刺激一下才可提升道念，發心度眾。」可惜，尚未盼到。不過，您煞費苦心為世間留下的法身舍利《星雲大師全集》，讓弟子們知道，千古輪迴以弘揚傳燈的人，路途不會孤單，只要有心，隨意拾起一本恭讀，都能見聞您正在說法印心。若要問哪一本最好，只要能相應，就是最好的那本；若是您無心，可能翻遍三九五冊也一無所獲吧。

直至荼毘大典後，我在您真身舍利回山的車隊中，靜靜地感受此生最後一次隨您巡山的時光。才頓感這八天如夢似幻，如同您微笑地宴坐於水月道場，我們全力以赴地成就一場空花佛事。我忽然明白，難怪我未能盼到您再次回來，因為您根本未曾離開啊！沒來沒去，一直都在，而那句：「我還能為你做些什麼？」亦持續迴盪不已，留下無盡的善美因緣，不斷醞釀發酵，流布於世間。許多人最關心最常問的問題：「星雲大師圓寂了，你們佛光山未來怎麼辦？將何去何從？」其實這個時候，更是您留給整個佛光教團的最後一個自我驗證的因緣，弟子對您所說的佛光新三寶：「佛光山、星雲大師、大眾」有多少信心？是否能堅守「佛教靠我」的信念，繼續負重前行？我想到曾有弟子說：「師父上人，我要生生世世做你的弟子，追隨你。」您反問：「我做得到，你可以嗎？」矢志弘揚人間佛教的約定中，失約的都不是師父。憶及您曾說：「一些離開的弟子會說：『我不回去的話，我的家人或某某人會傷心難過。』他怎麼都沒有想過，他的師父也會傷心呢？」我在旁莫名一股心疼，深感師父對徒弟的心，就如父母對子女般無怨無悔、奉獻付出。縱是幼如沙彌，您也真誠地表達：「你若成材，我願為你犧牲。」真是師恩浩蕩啊！所以此刻我們師兄弟間，更要彼此關懷提攜，更該時時自問：「我還能為常住做些什麼？」

倏忽想起您說：「看一個人是否優秀，就看他是否知道什麼時候、在什麼地方該做什麼事情？」此刻當下，我們該在哪做什麼，才能使人間佛教長久與天地同在、大眾共存？畢竟，「法幢不容傾倒；慧燈不可熄滅」的使命，是每位佛光弟子的本分事啊！

腦中再次浮現開完會後，分秒必爭的您常說的：「好！你們把握時間，快去辦吧！」

因為不懂，才敢接

慧知法師

佛光淨土文教基金會執行長

慧知

師父！那天是元宵節的傍晚時刻，暮色蒼茫，開山寮外滿地落葉，兩旁黃連木顯得消瘦。我們幾個男眾在開山寮外靜默地等著師父，回想這一段不長不短的歲月，已習慣跟著師父四處開創生命的各種巔峰，而此時此刻除了思念，我們還能為師父做些什麼？我們幾個拿起掃把，好想掃去眼前這一片不該來的蕭瑟。

師父，我們此生生命重疊的時間短暫，您卻讓我們豐富無比，與您相遇的每一個機緣，儘管經常驚天動地，但細細思量，總能給自己帶來很多啟發。

那一年，您帶著我們建設藏經樓，耐心地描述設計的概念與方向，但我們做出來的模型，似乎總讓您無語。記得那一天，又做了一個新的方案，模型放在師父腿上，看不見的您用手觸摸模型外觀，問我：「為什麼這樣設計？」我回答：「因為師父您說，佛教的建築沒有東西南北……」話音剛落，您把模型交還給我，突然一聲棒喝：「你不要以為你聽懂我的話！」接著，一群人在您的手勢示意下，離開了法堂，瞬間結束當天短暫的會議。偌大空間剩下拿著模型的我，還紅著臉，兩耳嗡嗡作響。

那麼，我到底聽到了什麼？師父講的不都是中文嗎？為什麼我聽不懂？我真的有聽懂了嗎？那要怎樣才能聽得懂？師父，那是您第一次對我嚴厲地教誨，讓我提起了疑情：滿滿自我的想法，怎麼能聽懂師父真正的指導。原來我是用狹隘、自我的六根和六識在聽話，面對師父的聖言量，師父您點醒我要學習用無所得的心，才能略探其中奧妙。

之後的設計討論，逐漸進入建築規劃的細節，面對師父的眼疾，我學著思考，該怎麼做才能讓師父明白圖紙上的線條曲向。我將圖紙放大，並帶著鮮豔的粗紅筆，一邊解釋圖紙內容，一邊將細黑的線畫粗紅，以為這樣可以讓師父跟著鮮明的顏色，理解設計，才能給我們規劃指導。就在這樣的討論方式下，師父始終沒有開口多做指導。直到有一次，我依然拿著粗紅筆在圖紙上快速地畫著線條，原本前傾努力看著圖紙的師父，突然往後仰，靠著椅背坐著。我停下了解說，師父緩緩地說：「其實紅色我反而看不清楚，黑色是我目前看得到的顏色。」一剎那間，我覺得好慚愧。我自己以為我替師父想，用了紅色粗筆畫圖給師父看，結果那只是我自己的單方面想法，事實根本不是這樣。以師父與徒弟的關係，師父您大可以第一時間要我改換黑筆做說明，但您沒有，您包容一個新手徒弟，希望給我信心，先依著我的安排試著理解。您忍耐一個徒弟，希望我能夠自覺，直到溝通方式產生規劃上的障礙，師父才提起紅筆改成黑筆的建議。師父，在您的世界裡，沒有大小、尊卑的差別，師父您永遠考量如何平等地圓滿眼前的每一個因緣，讓每一個人都歡喜。

二〇一三年，您將建築帶進了我的生命之中。當時很多人都疑惑，為什麼讓一個不懂建築的人，接下這個專業的領域。連我自己也懷疑，並打趣地說：「學體育接建築，應該就是爬鷹架永遠不會掉下來吧！」後來如常法師告訴我，他也疑惑地問您：「為什麼慧知不懂工程，師父要讓他接工程？」師父您回答：「就是因為他不懂，他才敢接！」師父，這個「不懂」確實讓我初期苦了好長一段時間，而這個不懂也改變了我的生命狀態。

二〇一五年，藏經樓如火如荼地趕工建設。在我缺乏實務經驗的狀況下，工地開展出一片混亂。那段期間灰頭土臉，我經常到法堂找師父抱怨、訴苦。有一次，我用了十幾分鐘，吐盡一切委屈，跟師父表達工地無法如期完成的宿命。師父您問我：「還有什麼困難嗎？」我接續又講了幾個窒礙難行的現況。師父您又問：「還有嗎？」師父緩緩將身子傾前，接著問我：「你知道我和你的差別嗎？」當時我心裡想，這差別當然大啊！我說：「師父您有智慧，我無明愚痴。」師父搖搖頭。我說：「您是師父，我是徒弟！」您說：「這你出家那天我就知道了！」師父您又問了我一次：「你知道我和你的差別在哪裡嗎？」這一次我搖頭沒有回答。師父您舉起右手，用食指比著你的腦袋，跟我說：「我和你相同的是，我們都會遇到困難，但你遇到困難，想的是滿滿的委屈與抱怨，而我遇到困難，滿腦子想的是解決的通路！」我以為師父要給我通路，於是追問：「師父，那你的通路是什麼？」師父搖搖頭說：「那不關你的事！」

當時我所學有限，並不明白師父苦心教誨的用意，記得當天我默默地離去，自以為師父沒幫上我解決工地的問題。幾天之後才明白，委屈與抱怨的情緒，是找退路的台階。而師父的通路，則是在眼前無法逆轉的「因」上，加入各種助緣，來創造目標的「果」，這是積極奮發的生命狀態，這是阿鞞跋致的堅忍不拔。

師父與我們一樣都會遭遇困難，但心念的不同，卻創造出了生命高度與廣度的差異性。師父的通路，當然不關我的事啊！我的工作，是我的責任，當然我自己要找解決的通路。於是，便開始協商團隊幹部，每天召開當日收工會議，以及明日進度計畫，經常討論研議問題的解決之道，直至晚上十點多。而隔日則六點多就到工地，推動昨日團隊約定的目標。自己的問題，自己找通路，在師父的指導庇蔭下，工程才得以如期完工。

還記得工程推動期間，師父您交代我們，工人如此辛勞，我們應該要買包子點心給他們吃。於是師父交代美華師姑，每天下午三點半，要送來包子給大家。每天下午五點，師父你總會來工地，問我大家有吃到包子嗎？今天發了多少顆包子？當時智慧不足，我一度懷疑，這是師父調查今天出工人數，了解工程推動進度的權巧方法嗎？我甚至還跟師父說：「師父，每一個工人每一天都有發薪水，為什麼還要買包子給他們啊！」結果師父您還加碼回答：「天氣很冷了，包子是不夠的，要請常住煮薑茶，你們法師要親自送上一杯熱騰騰的薑茶給他們暖身子。」師父指示，我們一向照做，直到那一天，我才明白原來師父給大家一個因緣。

那時正在進行最後的外牆工程，滿鋪的鷹架，讓師父進出工地較為危險，記得師父那一天黃昏時刻巡視工地，整個工地充斥著打鑿、機械運轉、工人吆喝的聲響，只見師父緩緩進到工地，我心裡正想著這麼吵雜，師父如果想指導我們，說話要很費力。只見鷹架上的一位工人，突然舉起食指，「噓～～」示意大家停止手邊的工作，工地聲響逐漸變小。又看到他們其他人，在鷹架上一一合掌，此起彼落地喊著：「大師父好！」師父走進工地，經過鷹架，旁邊的一位工程師拿起自己的帽子，保護著師父，而鷹架內的工人，則靠近過來與師父握手。師父一一與大家握手，說著：「謝謝你們幫忙建這些房子！」當下一幕彷彿佛陀說法經變圖。

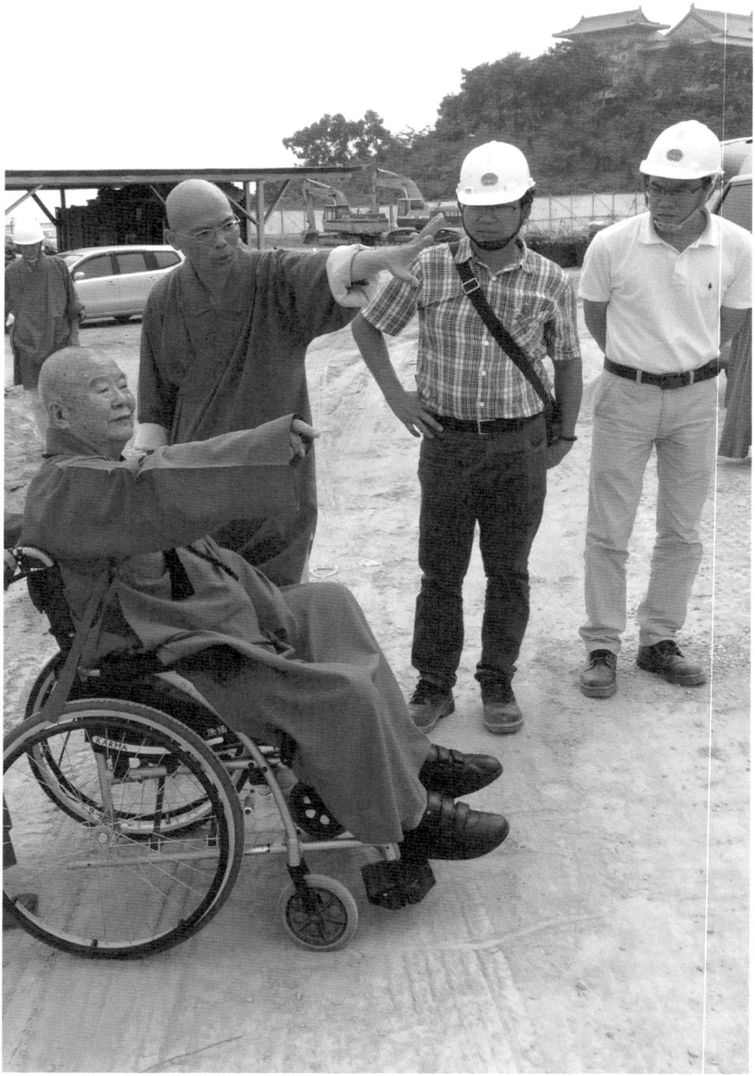

師父所到之處大家自然讚歎，鷹架上的合掌工人，就像是喜悅的飛天，讚歎著師父。而師父以切身的行動，在工地裡述說著「緣起大法」。師父是真心地感謝這些工人，師父擔心他們挨餓受凍，要我們承擔起照護這一些工人的責任。師父誠摯的關懷，讓這些人心中種下了對佛教的善美種子。工人們口中喊出大師父，是一種尊崇，而與師父握手，是一種感念。就像師父總是對著信徒說：「各位頭家，大家好！」師父您總是感念人家給你的一份恩德，而您永遠還以十分的回報。

二〇一六年初春，師父您把嬌貴的山東荷澤牡丹花帶來藏經樓，供養年節的每一位訪客。我記得那一天是元宵節隔日，人潮稍退，你說要帶我們去看花，一群人有說有笑徜徉在藏經樓前的時教廣場。大夥走進樓內賞花，而我跟著您和侍者，在時教廣場繞著跑香。

我問師父：「師父為什麼牌匾上寫著『如來一代時教』？我明白一代時教是對法的崇敬譬喻，那為何還要加上『如來』兩字呢？」

師父您回答：「我這不就來了嗎？等等就去了，這來來去去，是自然而然的事，它不是個問題。藏經樓裡的每一部經典，談的都是這件事。」是啊！師父，一九四九年，您來了台灣，如今您短暫地離去。來與去本身是自然而然的事，但重要的是來與去的歷程中，在無數的緣起緣滅中，師父您創造了永恆的價值，讓人間佛教影響了人類的生活模式，讓佛法成為一種生活風格，讓生命有了無限可能。而我們這群弟子，在您的指導下找到了方向與價值，讓平凡的生命，努力學習展現出該有的非凡。

師父，您還記得您曾為它請命，不因開路而移除，保留下來的那棵藏經樓的破布子樹嗎？那一棵您經常坐在樹下指導我們藏經樓建設的破布子樹。適逢初春之際，落葉積滿地，正準備抽芽茁壯。師父，我們甚是思念您，多希望在花開花落、時去時來之間，不需花那麼多時間等待。儘管您留下了僧團完整的制度，讓我們馬上恢復該有的作息生活。但我們還是期盼您能倒駕慈航，繼續領導我們走出人間佛教的光明。

此心安住

慧專法師

佛光山旗山禪淨中心監寺

基隆，是我的出生地。母親是一位虔誠的佛教徒，四處走訪基隆的古剎，當時，我還是個稚氣的孩子，不曉得那一次次的頂禮、一次次跪拜，都是在尋找心靈的原鄉。

與佛教相遇

中學時期，當時基隆極樂寺正在興建，於我而言，每天幾乎都會經過這一處的工地，沒想到一晃眼竟看見一磚一瓦已成壯麗的建築，此番震撼在我心裡種下了種子。

時光荏苒，新芽在春雨的灌溉中，道場逐漸成形，組織日益茁壯，因此，有好幾次的因緣進入道場中與法師們有較多的對話與接觸。在一次次的緣分中，「用過餐了嗎？」親切的問候，竟不自覺堆疊出回家的親切感。

原來這就是佛光山待人親切的溫暖。

原來這就是佛光山給人溫暖的特質。

生命如果是趟迢迢長途，我們便是旅人，有時當下的心念，我們並不知可能結成什麼樣的果實，當我們回頭望去，有時便會驚喜來時路給自己的點滴養分。

前輩師兄因見我樂於參與寺中諸事，便尋了相當份量的事務交付給我，在足夠的信任下，讓我嘗試與學習。過程中，遇見了佛門裡的溫暖力量，讓一顆準備飛揚的心靈有處安頓，就如雁鳥展翅南遊有一座浮洲使之安心棲息。

出家之因緣

為了承接青年團的工作，毅然決然前往佛學院就讀。

當時，完全沒有出家的念頭，單純思考倘若肩負青年團的使命，如果對佛教、佛法仍停留在粗淺的認識，或許便會辜負了期許。

就讀佛學院期間，母親因故腦幹出血，因此家人一個月來奔波於加護病房。母親在病床上逐漸凋萎，因病快速衰老，在巨大的生命轉輪中，年輕的我自惱力不從心，無法透過己身之力，讓母親重拾健康的身軀。然而，佛法是我唯一的救贖，是汪洋中的浮木，「我想迴向給母親！」一心一意想以廣袤的功德迴向給母親，我想抽離這樣的苦，與至親的別離苦；我想消解這樣的痛，無法再相見的痛。

苦痛是鐘磬，敲盪心音，日益清晰，於是便決意出家了。

師父如春風

師父就如大山，讓我們依靠，出家前總讓我覺得師父如此崇高。出家之後，閱讀師父的著作、聽聞開示，甚至有因緣擔任侍者隨他四處弘法；一言一行，每每讓我感到師父的親和、慈悲與大智慧。

回顧師父給我的任務從都監院、雲居樓大寮，一直到旗山禪淨中心的修繕，其挑戰無一不是師父給我的教育。

猶記二〇〇二年隨師美加弘法，當時師父詢問誰願意留在滿地可（Montréal）弘法，我婉轉表達意願。與此同時，恰有一位滿地可青年對出家表達強烈的意願，請求師父開示。於是師父便把我們若干徒眾喚來說話。「你們有想過你們的目的嗎？你們有想過你們未來的方向嗎？」師父和緩地說道：「你們男眾，要懂得安住啊！你們啊！記住四點，安住發心、安住道念、安住學習、安住體諒。」

當下師父的懇切叮嚀，卻經歷很長的年月，才逐漸懂得。

一、安住發心

發心，是否所有事情便能迎刃而解？省庵大師在〈勸發菩提心文〉中說：「入道要門，發心為首。」發心是一個開端，如同有願，在願裡我們有了方向。發心，給我們一副尺規，如此一來便能檢視自己的初心，檢視矛盾，尋找解方。

剛任職雲居樓大寮時，對料理完全不認識，僅懂得品嚐。

因為好吃懂吃，所以能辨料理氣味，這對世間人來講，或許是一種壞習慣，更是一種習氣。認為挑剔是一種品味，但卻在無形中，形成分別心。在大寮的期間，我努力地學習，嘗試透過對食物的觀察與敏感，反覆實作，小心呵護一道料理在我手中慢慢地成形。我在這樣的環境當中學習發心，把這樣的習氣轉化成為供養大眾的一份力量。

初期的我，仍有分別心，有喜歡吃的，有不喜歡的。師父教我，要把自己的我執去掉，心懷眾生。我不可因自己的喜好而成為料理的偏好，無論喜好與否，都戮力研發，一旦遇到不愛吃的食物，我試圖轉化，用另一種方式角度理解它，卻也意外開發出令人歡喜的料理。從發心中，轉煩惱為菩提，開發自己的心地，也提升自己的潛力。

二、安住道念

安住道念，即是自覺認真、工作精進的修持。

猶記在雲居樓任職第五年，工作約莫可上手，一天接到蕭師姑的來電：「慧專，你這次跟師父去越南當侍者。」當下有點愣住，因為已經許多年未曾隨侍師父遠行。

在這一趟旅程，在某一些時刻，師父總把身邊的人支開，留我在身旁，問我許多的問題。「你到大寮多少年？」「你可以煮一桌宴客菜？」「你要多長時間才夠了？」這些問題對我來說，好難，究竟要回答一個讓師父歡欣的答案，還是謙遜地回應呢？最後我還是鼓起勇氣回答了：「師父，我到大寮已經五年了，我能燒叢林菜，就是供養一般大眾的菜。我還不能像蕭師姑一樣利索地開辦令眾人懷念的宴客菜，我的能力還不夠。」

「你沒用！」師父大力地拍桌，嚴厲地喝斥我。

「你不求上進！你不知道慚愧！在這過程中，如果我是你，三天會識得全部的菜，三個月就要會烹煮所有的菜，半年就能獨挑大梁。」

「燒叢林菜！你懂叢林菜是什麼？」當下被師父斥責得啞口無言，卻又委屈，心想該回應什麼才好呢？在我的回應裡，全然沒有察覺我將供養眾生的叢林菜與宴客菜有了分別。

當時，我心想，師父您如此精修懇勤，而我如此駑鈍，如何能做到，但是我身在其中已經很努力用功地去學習，學習勤奮，學習供養大眾。

念頭很快地過去了。隨之而來的是深深的懺悔：是我太慢了，我似乎拖太長的時間在學習，卻沒有掌握師父迫切希望我成長的關鍵。

師父重重地提醒我，煮菜不只是煮「菜」，而是需道心如火，在微火慢煲中，煮出眾生的歡喜的味道。師父說：「煮菜，該爛就要爛，該爽脆就要爽脆。」每一道料理的元素，都有其恰如其分的位置，多一分少一分，則過猶不及。

回首一望，發現這原來是一個考驗。回國後，人事單位詢問我是否接下餐飲組，撐起大寮的飲食諸事。這是多麼令人恐慌的一件事，如此安頓大眾身心的任務，試想我真的有能力接下嗎？我有辦法嗎？

思考了足足三天，在我之前，沒有一位男眾法師承擔過大寮的行堂頭。沒有一位男眾法師承擔過餐飲組組長，我承擔了這個任務，是因為除了想要成就自己，更想要為男眾僧團留下一個發心的平台，讓我們有為大眾奉獻的機會。

過程中有一個問題，深深困擾著我，在一次的機緣，請示師父為我解答：「師父，眾口難調，我能怎麼做？」

「要做到讓人接受」，讓一個人全然喜歡已經不容易，更何況是十人百人乃至萬人。師父教我不僅只在料理技術上的琢磨，心態上更仰賴謙卑與勤奮的態度，且時時秉持為眾生的供養心，不是要對方全然接受你的努力與付出，而是需謹慎反求諸己，覺察內心與眾生的距離。師父提醒我「不是把事情做好，而是把事情做對」，要我細心地體會每一次的因緣和合，因為做好僅停留在自身本分，做對才是關照眾生。

時至今日，離開雲居樓的職務近七年了，無論接待、餐飲、住宿品質，猶為人樂道，讓人回憶。

我想這一切，都是師父的慧心指點在求道途中迷茫的我。

很慚愧很晚才懂得師父的提醒，今日道念安住，點點滴滴都是師父的恩情。

《華嚴經》云：「常樂柔和忍辱法，安住慈悲喜捨中。」每每師父用嚴厲、嚴格的口氣予以教導，自認傲骨的我從不回嘴，從來不埋怨，或許心裡不舒服，但是，師父從來不曾放棄我，是讓我自身最感動之事，沒有放棄罵我，把我當臨濟子孫來棒喝。我也從來沒有丟棄師父的指導，沒有放棄承擔。所以師父再如何嚴厲，措辭再怎麼兇猛，我從來不會把它當作是責罵，因為當我們領受教導時，表示自身騰出了可進步的空間。因為我能夠被教得起，因為我能被帶得動。而我萬萬沒有想到，這是他最後一次對我的震撼教育，從此之後，師父沒了嚴厲，更多愛語和認同，讓我和團隊都勇於承擔，不畏艱難！

三、安住學習

如果能夠將學習視為生活中的樂趣，我們的身心自然就會安住，自己也能夠在工作領域去學習，去超越比自己更好的狀態，變成更好的自己。

因為師父的鼓勵，致使我把握每一次的機會勇於挑戰：記得每每過二堂間，法堂飯菜則會從法堂送回，藉此我觀察師父的飲食是如何調製，食材之間是如何搭配。

有一次在大寮滷了冬瓜，鼓起勇氣想請師父試試。師父淺嚐過後，放下筷子：「慧專啊！這吃不到原味。」原味？滷東西不就是該將味道滲進食材，又為何要保持原味？

原來，烹調並不是特意地將某一個食材的味道撇去，即便醬滷亦然。因為無論是何種技法，要做的是調和，料理人需要在濃淡鹹香軟硬脆爛中，找到各個食材該有的大小與位置。師父要我從料理中，學習技能開展視野，同時覺察自身與他人，感受他人的歡喜與否。

於是到了韓國，向當地媽媽請教如何做韓式豆腐、韓式年糕；到了美國，向墨西哥人學習製作墨西哥捲或西式料理；跟華人的廚師學習道地川菜，研發自家麻婆豆腐。

是師父，讓我成為日益臻於細膩，且勇於嘗試的人。

值得一提的是，師父上人非常地重視「臘八粥」，每一年全球的道場都用臘八粥供眾。

剛開始學煮臘八粥，好幾次師父嚐了之後就搖搖頭退回，一直到了後來形色相似，師父才重新拾起碗，試了幾口，款款說出食材與氣味該如何相輔相成，告訴我該怎麼從善如流，細膩調和。

臘八粥緣起於佛陀成道，徒眾將其僅有的穀豆熬煮。這些人們即使生活清貧，仍拿出己身最為珍貴的食材歡喜供養。

佛光山的臘八粥沒有特意放置別具珍稀一類的食材，而是根據其個性，個別烹調，有些須反覆滾煮，去蕪存菁；有些須泡水靜置，使其軟化，有些須油炸定其形存其香；有些則搗泥散其狀，融其味。有些食材從始至終熬煮；有些則是熬透起鍋拌入。

不同的烹調，是個別溝通；一同熬煮，才能達成共識。

大口嚐，一味融合；細細品，萬般滋味，是分工合作，更是集體創作。

臘八粥，使我體會到師父所謂的慈心與共榮，體會到師父對我們的一份要求。臘八粥的熬煮使我們在燉煮中學會如何與人相處，如何分工合作、如何從一碗粥當中去煮出融合、如何讓每一個食材都能夠具足它的特色，但不是脫穎而出專美於前。每一個食材的個性不同，則更需要不同的時間、火候烹調，這是師父教導我們，面對眾生要用不同的方式去溝通。熬粥，讓我們領悟達成共識、集體創作的佛光精神。

回頭想想，在都監院的時期，跟各個單位學習、溝通、協調。至近年疫情時期如何視訊弘法？道場如何逆境中翻轉？這些種種無一不是學習的契機；這些種種無一不是體證菩提的歷練。

在安住裡面去看到自己的習氣與煩惱，看見自己的不足，藉由諸多機會提升培養自己，然後開發不同的興趣，增加自己的廣度，一如四弘誓願當中所謂「法門無量誓願學」——佛法要學習，世間法也一定要涉獵，應用技能來學習，然後遍學一切，度一切眾。

四、安住體諒

體諒是一種寬容，是一種涵養，是一種氣度，更是一種真心。身為常住的一份子，不管大小的活動，都不能夠失去任何一個螺絲，因此能夠體諒弘法的辛苦。我們能夠在每個環節中盡量地做好份內事，保持互相尊重、包容的互動關係，將他人的工作與張力放在自己內心，在體諒中成就眾生，在集體創作中看見更多的可能與內涵。

記得，二〇一一年佛陀紀念館開館，當日午齋登記了三千八百多人，本想一輪用餐後便能結束。而知客熱情的招呼，人潮不斷湧進雲居樓，直到五輪過後，供應逾一萬八千人用餐。在極為臨時的狀況下，無法詢問知客事情原委。當下，要再準備多少餐食，沒有人可以回答我。眼看著師兄弟們忙進忙出，心裡的慌張與焦慮已經到了頂點。

此際，我想起師父說的要安住自己的內心，安住體諒。體諒一切的無常總來得措手不及；體諒日子的變化總在計畫之外。

於是重新整頓內心，盤點庫存，擬定出餐的策略。在五天佛館落成開館慶祝活動中，雲居樓總共做出近六十萬個精緻便當！

在大寮，不能只講計畫，因為計畫趕不及變化；在這裡，不能只說道理，因為無常超乎常理。因而在超越語言、文字之外的大寮，唯有老實修行，觀照自己，才得以生養一顆對大眾的恭敬心。

師父告訴我「要爭氣，不要生氣。」回憶起剛進大寮的學習，從一開始不會煮菜、坐著切菜被譏笑「沒路用」，也激發我的鬥志，讓我在大寮一待便是十三年之久。師父的話不見得當下便能參悟，有時需用時間來證明。過程中我也漸漸參悟，究竟是修行者改變了食物，還是食物成就了我們的修行。

心裡有眾生

來到旗山禪淨中心第三個月，師父來電關心我，接起電話時，非常歡喜，原本預期師父會問我有沒有適應，沒想到第一個問題卻是問我：「你有沒有對信徒好？」我回：「我不可能不對信徒好，我也奉行您的教導。」

接著第二個問題：「禪淨中心門前的樓梯是不是還那麼高？」心想：師父啊，您十五年沒有來到這兒，您如何還能記得這裡的一磚一瓦。

「是呀，師父。」

「那你到三個月了，怎不趕緊做坡道呢！記得正門口做四米半，這樣高度跟美觀都可以兼顧。」那是師父做完腦部手術的記憶。我驚訝地發現，佛光山的每一張設計圖、磚瓦、階梯，他都是謹記在心。師父啊！他心裡時時刻刻都掛念著眾生。

這讓我想起當時佛館建造之初。因占地廣大，地形高低起伏，師父深怕初來乍到的信徒，會在裡頭迷了路，甚至找不到地方休憩。師父在指標的標示中，特別叮嚀一定要讓信徒知道哪裡可以休息，哪裡可以吃飯，哪裡可以坐著。

無論在佛光山、佛館，師父的行動必然有侍者照應。但師父不因如此，忘記眾生的需要，處處體念眾生，在意眾生，提醒我們給眾生信心、歡喜與方便。

身定與心空

從一個不認識菜、不會料理的人，到對烹飪熟稔，及至後來供餐人數的暴增、時間的壓迫，我都盡己所能。這讓我想起，師父當時發願以己身之血，讓大家在停水的窘境中，能夠飲用、能夠盥洗。師父以身教言教，教誨我們在日常的挑戰中看見慈悲。從自然中，看見大覺者、大智慧家的巧智慧心。

大寮是離開文字直入修行的法門。在大寮，是我磨練最多，成就最多的時刻。我感謝因緣，感謝師父不嫌棄我，以智慧法引領我前行。

師父圓寂，不捨之情滿溢眾人胸懷。而生死是生命的實相，平時雖對信眾開示佛法，我們又該如何面對？我們雖然不是天天都隨侍在師父左右，但是他所有的一切都在我們的生活中、都在所有的道場裡、都在每一個人的言行裡。

師父曾說過：「身定，無環境的束縛；心空，則無煩惱的障礙。」身心安住是圓滿生命、擁有快樂的關鍵，將身心安住在「發心」、「道念」、「學習」與「體諒」上，才能夠讓我們獲得身心真正的自在。

師父也曾告誡我：「想做大事的人太多，但能把小事做完美的人太少。很多人都想著做事一步登天，其實，大事是由一件件小事組成的，認真對待每一件小事，把一件件小事做細，才是成功的條件。」

這是師父的身教，依循師父的腳步，即是對師父上人最深切的感恩。

遺憾（後記）

二〇二三年初五忙完年節諸事，心裡一直想要煮一碗臘八粥給師父。因為我的那一碗臘八粥，是師父點點滴滴的教誨。但當時師父身體不

燈

適，而無法送至。這個遺憾一直在我心裡，很深很深。

不過，師父沒有離開，他在我們傳揚的佛法裡，在徒眾歡喜合十的容顏裡，在每日和煦的暖陽裡。

這份遺憾將化成力量，將師父的精神、教化傳承下去，終不負所託。

師父的以病為友

覺念法師　人間衛視總經理

覺念

一九九五年我任職佛學院學務處老師，某日清晨，戰戰兢兢地送一份文件至法堂。師父正專注看報紙，聽聞這是他規律的生活作息。師父突然問：「你叫什麼名字？」稟報後我就離開了。

有一天，永富法師跟我說：「因為師父必須開刀，常住要調你到法堂任職。」我問永富法師，我要去嗎？他說：「師父將接受心臟手術，你有護理經驗背景，就去吧。」

天啊，法堂等於是總統府中心單位，我行嗎？忐忑不安的心情令我感到焦慮。

一九九五年四月十九日，報到後即隨同師父北上，四月二十五日師父進行開心手術。心臟冠狀動脈繞道手術一切順利，當師父從加護病房轉到普通病房後，表達要盥洗更衣。慧龍法師想隨側協助，卻被師父婉拒。沒多久就聽到「砰」一聲，師父跌坐在浴缸內。大家緊張得像熱鍋上的螞蟻，師父依舊一臉輕鬆說：「不要緊，不要緊，剛好洗個澡了。」

出院後，師父到「小山蘭若」靜養一段時間。小山寧靜，空氣新鮮，非常適合療養。遵從張燕醫師指示，每天要散步復健來促進血液循環，以及適當的訓練提升心肺耐受力。在康復情況良好後，師父想起一年前已承諾香港東蓮覺苑何鴻毅居士的邀約，要到加拿大溫哥華主持落成剪綵及佛像開光典禮。

「一諾千金，永不退票」是師父的性格。經醫師評估，師父可以長途飛行，我們一行人即跟隨前往美加地區，希望將佛法的種子，在當地廣植生根。

這是我第一次出國，也不知道行李要裝什麼，還好有其他侍者師兄幫忙。到了美國西來寺，師父是最佳知客，親自規劃所有行程，讓大家感覺如沐春風。

「你們第一次來美國旅遊，一定要去拉斯維加斯『賭』一下。」還交代務必要入住附設賭場的飯店，才可以直接觀賞壯觀的火山爆發秀與精采絕倫的魔術、水舞等表演。

我問師父：「若我出門去，誰幫您注射胰島素針劑？」師父說：「你只要抽好劑量並標示清楚，我自己打。」

到了飯店，內心充滿遲疑猶豫，不斷跟同行師兄提問：我們真的要去「賭」嗎？外國人會怎麼看我們？

但師父已叮嚀交待，應該要依教奉行……。

那就晚一點，我們等人少再去體驗「吃角子老虎拉霸機」好了。

隔日回到西來寺，師父問我感覺如何，我說：「很不安！」師父淡淡地說：「百花叢裡過，片葉不沾身。」我們在萬紫千紅的世界裡，什麼都有。但如何不生貪愛、不起煩惱，讓念頭始終了了分明、清清楚楚。對剛初入佛門的修道者來說，這五光十色霓虹閃爍的不夜城，我還真不適應。

應信徒好意安排，我們入住在加拿大班夫國家公園的城堡飯店。因為有師父的因緣，讓我親眼目睹美景天成的洛磯山脈，欣賞到綿延聳立的山峰及生生不息的湖泊、冰河。三十而立的我，實在是很幸運。

隔日check out後，發現自己竟把師父的重要藥品遺留在飯店內忘了拿。這下怎麼辦？若回去拿，恐會耽擱全團後續行程。

我偷偷向師父深表懺悔，師父不但沒責怪我，反而輕輕地說：「不要緊，找張燕醫師幫忙就好了。」非常感謝張燕醫師處變不驚，第一時間幫助迷糊的我解決緊急情況。

從美加返台途中，我鼓起勇氣向師父表達要請辭「湯藥侍者」這份執事。師父彷彿有他心通，僅沉默一會，便淡淡地說：「即然你無法安住身心，那你去佛光會學習吧。」冷不防的體貼安排，我又怔住了。

只因適應不了法堂的行事文化，仍然會被無明、煩惱所障蔽。因為自己的不足與自信缺失，我任性執意選擇離開慈悲的師父。

一九九八年，我擔任國際佛光會輔導法師職務，帶團前往多倫多參加「第七次世界會員代表大會」。出門前秘書長永富法師說：「師父要到美國去做手術，蕭師姑已幫你買好機票。」我心想，這趟應該會被要求留下來擔任湯藥侍者了。就老實聽話，依教奉行，跟著師父到美國休士頓美以美醫療中心，進行頸動脈血管阻塞疏通手術。這一待就長達七年的時間。

師父常自嘲說，在台灣是限時專送抵達，而這七年可說是國際快遞。每天分秒必爭地和有限的時間賽跑，不輕易放過生命中的一分一秒。

師父像是空中飛人，頻繁來回四十多個國家，建寺安僧、廣度有緣，適應著不同時差、氣候。一年的弘法足跡幾乎繞了地球一周，一刻也不得閒。

師兄弟羨慕我去過不同國家，我說師父出國幾乎只有機場、講演地點、道場。師父十分注重威儀，天冷最多只在長衫外加一件夾襖子（外套）；為了趕時間，常常迅速簡單墊墊肚子；不願更改或取消行程，一定如期前往世界各地，度眾的心十分懇切。還有，超長時間的飛行，穿著醫療彈性襪的雙腿腫脹如千斤重，面對肌肉痠痛不適，七十多歲的師父都自己承擔。這對開刀後的人來講，確實是非常辛苦。

雖然旅途漫漫，但是師父很懂得善用「零碎時間」，把忙碌化為悠閒與自在。他說，凡是一切有助於增進幸福人生的教法，都是人間佛教。在眼力還能閱讀書報時，出國登機皮箱除了一個保溫瓶之外，就是十幾本書報、雜誌和念珠。師父會應要求，與空服人員或旅客一一合照、簽名，歡喜結緣，親切邀請大家到當地道場參訪。在師父身上，我學習到在「給人」之中，是要能自得其樂。

有一次我在西來寺師父住所外跑香，剛澆花灑水後，有一小灘積水在地上，我不小心踩下去，沿路都是我的腳印子。師父就對著我說：「做事也一樣，跨過去，不要拖泥帶水。」我還貧嘴回說：「天生腿短沒法度！」事後想想，我這徒弟真是不受教。

我曾問師父：「未來有可能由女眾來擔任佛光山宗長嗎？」師父想了一下說：「佛光山比丘尼的能力都很好。我們是一個有組織制度的國際道場，我提倡佛陀的『平等』教義，突破傳統框架與思維，實行『男女平權』，更不認同『八敬法』戒律，但還是必須考量傳統佛教的體制及社會觀感。」

師父的生命中，練就一種「臨危不亂」的智慧與「處變不驚」的勇氣。他一生最不喜歡麻煩別人，他以忍為力，總是說「我不怕死，我沒有生病，只是有點不方便而已。」罹患糖尿病五十多年，每天要承受四次檢驗血糖，注射六次胰島素，一天都要挨上十針。但是他從來不喊痛，甚至面對較劇烈的生理疼痛，情緒反應也只說：「不能了，不能了。」

回首二〇一六年，高齡九旬的師父因左側腦部有出血性中風，經過高雄長庚醫療團隊緊急開顱手術，取出一個約拳頭大的血塊。血塊對腦細胞的損傷較小，是「不幸中的大幸」。但血腫壓迫在左腦顳部，加上年歲已高，影響到他的語言表達及認知能力。

師父大腦重建之路相當辛苦。由於短暫性記憶力喪失，在加護病房甦醒時，隱約聽到師父用力表達「太虛大師」、「揚州」、「南京」等語言。像一位時光旅行者回到過去，在戰爭中尋找失蹤父親、剛渡海來台到宜蘭弘法、剛創建高雄佛光山等各個不同生命時期的時空背景。

醫生要我們持續地唸師父熟悉的文章給他聽，我們也用水桶、臉盆等各器皿，模擬布置成佛光山的建築區域，希望有助師父重建自己的記憶。但因為左顳處受傷，看不到文字、不清楚文字，更認不得文字，甚至連自己「星雲」的名字都忘記怎麼寫。

這對喜愛寫作、熱愛文字的師父來說，是相當的衝擊與沮喪，覺得自己非常沒有用。

但是師父仍抱持著努力不懈的毅力與精神，他常常用手指不斷地在自己的腿上比劃揣摩。經過半年的復健過程，天天不斷提筆練習書寫，最後找回了自己。師父的病後字，真的是用他的生命寫出來的。

從一筆字到病後字，我們見證師父的信仰與信心，是多麼地堅固。而病後堅持提筆，也是盼望繼續籌募善款，那份溫暖的慈悲與力量，實在令人感動。

他忍受著身體的疼痛與內心的寂寞，或許他從不覺得痛。

但是，他在等待什麼？等待著弟子們的成長，在等待我們準備好了嗎？等待了將近十年的時間……。

師父將自己所有的心意，全部施於眾，施於人，奉獻給佛法僧的周遭，化作一瓣香花，時時處處地供養十方。雖然今日只是短暫的告別，但是留下無限的精神與資糧，讓我受用不盡，更期待與堅信，師父必定乘願再來！

浩浩師恩憶難忘

覺培法師
國際佛光會世界總會秘書長

覺培

一九九六年的法國巴黎，那是我第一次見到星雲大師的地方，也是扭轉人生的開始。對於一個執著探討生命究竟的人而言，這場相遇，改變了我對佛教的認知，也是我後來義無反顧走上出家的因緣。

從小對生命存在的價值就抱著很大的疑惑，移民阿根廷後，更是展開對生命意義的思索，從西洋哲學到東方老莊，常覺得自己在人群裡有一種強烈的疏離感：「我是誰？」「如果死亡是必然的，活下去的理由是什麼？」直到夢中出現一句「摩訶般若波羅蜜」，才開始轉而閱讀佛經。我開始嚮往修行的生活，對於「苦行」的僧侶，存有一種崇高的敬仰。在還未認識星雲大師前，每年都會至少兩個月「出走」尋訪「善知識」，現在想起來，實在要感謝家人對我的包容。一心熱情追求真理的我，曾在美國舊金山某號稱「苦行」的寺院裡生活，也在洛杉磯某禪林裡閉關，也因此，在還未出家前，早已旅行許多國家，對於所謂的「佛教」自然有一定的認識。

山林佛教的反思

「妳人生的願望是什麼？」這是第一次與星雲大師在法國談話時問我的話，對於當時喜歡清修的自己，很誠實地回答：「我希望將來在山上蓋一座小廟，在山林裡清修……」那時還想像自己在雲霧間氣定神閒的模樣，覺得遠離塵囂過超然的生活就是佛教的修行。想不到大師回答：「就這麼簡單？太容易了！」當時我想：對於擁有數百家道場的星雲大師而言，蓋一座小廟確實不難，並不知道原來這句話是在點醒我修行的盲點：這樣的修行既不能琢磨多生累劫以來的毛病，更容易長養貪婪於塵囂之外的孤僻習氣。當時的我還矛盾地反問大師：「佛法浩瀚，真正能幫助眾生的又有多少？」「佛教可以挽救顛倒的世界嗎？」大師包容一個小女孩的無知，更允許我一路繼續問他問題，邀請我跟隨他到歐洲八個國家巡迴弘法，順道在西班牙為他翻譯。

就這樣，我幸運地有機會一路問他問題，無論是經典義理的詮釋，或者佛教對世界真正起什麼樣的作用？以及我曾經對寺院管理上的觀察所抱持的質疑……，如今想起，這是極度諷刺的對比：一個想要在山林裡修行的人，卻問佛教如何對世界起作用，就好像一些自認為很有修行的人，對社會鄙棄而隱居，卻口口聲聲說要眾生離苦得樂，試問這樣的菩提心又怎能發揮影響？佛教又怎能興隆？佛法又怎能入眾生的心？現在想起來都覺得慚愧不已。「您不妨回台灣，可以讓您慢慢問，未來對真理更加明白後，就可以幫助更多的人。」星雲大師的一席話，一個月後我就真的回到台灣，在南華大學研究所跟一群出家人讀書、生活。

不忍眾生苦的戒條

一九九八年初在印度受完具足戒後，開始接受佛門教育的洗禮。當時在南華讀書的我們除了上課寫論文，還要肩負海內外信徒來訪的導覽介紹，及典座（廚房煮飯菜）供眾的責任。記得在一次得知三千人要來學校參觀，星雲大師要親自前來的消息後，我們十四個出家人就從清晨四點進廚房，手忙腳亂的我，被分配到煮飯、洗菜與燒開水，從清晨到中午沒有停止忙碌的我們，第一次目睹到「星雲大師生氣了！」原來是一群沒有通報卻跑來的信徒暴增，致使我們這群研究生無法提供足夠的飯菜，讓大師親自拄著枴杖到大寮訓斥一番，就這樣中餐沒吃飯的大師竟然就直接回山，得知晚餐依舊不吃的師父，我們自責不已。第一次領略到自己的師父對於「讓信徒挨餓」竟是用這樣的方式懲罰自己。儘管一輩子加起來都沒有那天洗的碗盤多，躺下去都覺得全身痠痛不已的我，次日清晨還是隨著同學一起回山向大師懺悔。

「出家戒律數百條，對我而言只有一條。」對於初出家的我心想：「哇！幾百條背不完的戒律，這條一定得記下來。」大師慈悲地說：「『不忍眾生苦』就是我一生的戒條，」接著又說：「你們沒有挨餓過，不知道飢餓的感受，可是我知道。」大師講出他年輕時挨餓的歲月，繼而發願要給人吃飽，甚至後來的滴水坊，無非希望讓誤餐的人不要餓著。一句「不忍眾生苦」，不只要滿足大家的需要，對一切眾生要給人信心，處處給人希望，做人要給人歡喜，做事要給人方便，這些話至今回想，仍感覺滿滿的力量，這是來自一位宗教實踐家的身教言教，在全球建立三百個道場、十六所佛學院、五所大學，及數十所學校等，成就無數的佛教事業，數百萬的信徒追隨他，其背後真正的「因地」與「動力」，正是這句「不忍眾生苦」。

改革佛教的清規

十多年在海外自由逍遙的生活，大師為了調教弟子快速成長，畢業後就調派我到佛學院教書。對於沒有讀過佛學院的我而言，做老師就等於強迫我加速學習做好一個像樣的出家人。佛學院嚴謹的生活教育，從摺棉被到洗刷淨房（廁所），從走路到吃飯威儀的養成，無一不在訓練觀照的功夫。四年間，從學務、糾察，到輔導、教務，從生活規矩制定到課程作息的規劃，從學生輔導到老師的接待聘請，無一不是大師鍛鍊弟子們的方法。可是對於一天睡不到五小時的我，疲憊不堪地感覺體力不支。一日大師召集全山大眾，並下令：「要改革佛光山清晨打板的時間，從四點半改為五點半。」這天大的好消息，若不是我親眼所見，還不敢相信這竟是開山大師親口說出來的德政。

當時的宗長心定和尚並不那麼地支持，主要是傳統佛教作息有些更早於三點半就起床，佛光山如此改革會不會讓人感到「過於懈怠」？眼看幾位長老也有所猶豫，大師反問大家：「全佛光山有誰比我更清楚叢林清規？」沒錯！大師十二歲出家，受過教下、宗下及律下的傳統佛學院教育，沒有人比他更清楚佛門戒律清規。「你們知道為什麼三點半、四點半起床嗎？因為沒電啊！過去叢林沒有電，太陽下山就要睡覺了，睡飽後就起來作務。而你們是有了電的生活，常常睡不飽要讀書，睡不飽要作務，哪來的體力？沒有足夠的體力又怎麼去弘法？」講完後，大師還非常民主地讓全山大眾舉手表決，當時以學生人數最多的佛學院，連老師都舉手的我，無不感謝大師對徒弟們的體恤，這驚人的改革過程，從此五點半起床的政策，以壓倒性的人數通過表決後，佛光山再度寫下佛教清規的創舉。

生活書香化的推廣

一日早晨，大師找我去雲居樓齋堂跑香，跟隨在師父身後的我，一一回答著大師關心我在學習上的每一個細節。師父決定派給我一個新的服務工作，也就是「為佛光山在全球各地成立讀書會」，為推動「生活書香化」而全力以赴。當時連讀書會都不清楚的我，先答應下來後開始拿著電腦天天到法堂報到，師父一句一句講著他對讀書會的成立宗旨，親自制定了「暖身、主題討論、結論」等三階段的讀書會流程，順口舉了幾篇倒背如流的《古文觀止》的文章，印象最深的就是〈鄒忌諷齊王納諫〉，他讓我理解文章的意涵，帶著我探討鄒忌巧妙的溝通智慧，又引導我欣賞齊威王的胸襟度量。多年後我才恍然大悟這就是所謂的「帶領討論法」，在一問一答之間，看到文章深層的道理，也在思考討論中，開拓了我對做人處事的觀察與欣賞。就這樣，我將師父說的「讀做一個人，讀明一點理，讀悟一些緣，讀懂一顆心」，作為讀書會員們的座右銘。

曾有人說：星雲大師的福報很大，能擁有許多弟子在各地推動著佛教，其實他們都沒看到大師對弟子們的栽培可是花費多大的耐心與付出，手把手地帶出一個又一個願意在各領域奉獻的僧侶。

二〇〇二年人間佛教讀書會總部在台中「光明學苑」正式成立，為方便南北交通的往來，展開閱讀推廣的行動後，讓我從極傳統的叢林教育環境，走入變化多端的人群。出發前我去向師父告假，師父說：「我可以給你一千套《佛光教科書》，但是不會給您一毛錢。」我聽完嚇了一跳，不識趣地說：「師父，我只要一百套就好，一千套書可能沒地方放耶。」師父板起臉來：「身為佛光山的弟子，可以沒有地方睡覺，不能沒有地方放書。還有，出家人要有『憂道不憂貧』的性格，不怕沒錢，就怕沒有佛法、沒有『道』。」

一年後大師要我兼管「南華學館」（現名「嘉義會館」），一個八層樓的新型教育大樓。每個月光要支付水電費、管理費就十分拮据，那也是一生中自認為最清貧的日子，所幸靠著培訓後流通書籍，或受邀至各地培訓與演講等收入，勉強度過難關。現在回想起來實在感謝師父的歷練，對於一輩子都在良好家庭生活的我，終於知道什麼是「開源節流」，想辦法回收剛倒閉書店裡的書櫃，把不要的櫃子拆成禪椅。我學會了「窮則變，變則通」的各種巧思，邀請社教老師展覽作品，把空洞的長廊變成畫廊、藝廊。

其實說起來讀書會剛開始並不順利，北部人說他們沒時間讀書，鄉下人說他們沒有習慣讀書，連退休老師都說：「終於解脫不用再讀書。」我喪氣地回山向師父稟報情況，還問師父：「為什麼佛教要推動讀書會？」畢竟我不是一個順從的弟子，不能找到「有意義的『因』」，就無法啟動熱情的動力，大師說：「佛教徒不讀書，光燒香拜佛又有何用？觀念不改，行為不修正，把責任都推給佛祖，又怎能有所成就？」頓時我完全明白，唯有自己肯深入經藏，才能面對人生各種難題，也才能智慧如海。

接著大師指導我怎樣推動讀書會：「要讓大家快樂，跟生活結合，要視人人都為老師。」他使我再度鼓起勇氣去各道場，請求各地住持給我十五、二十分鐘的時間報告成立讀書會的重要，結果遇到一位住持不客氣地說：「大家聽到讀書會都很害怕，但是一聽到要去台東玩就立刻三部遊覽車，您覺得問題出在哪？」我想起師父說的：「讀書會要跟生活結合」，瞬間明白了道理：「沒關係，我們就為他們成立『山水讀書會』吧！」如此讓喜歡遊山玩水的人有了讀書的機會。於是接下來的「登山讀書會」、「下午茶讀書會」、「電影讀書會」、「班級讀書會」、「經典讀書會」、「親子讀書會」等不同類型的誕生，如雨後春筍般地成立了許多讀書會。這期間很感謝陳怡安教授、簡靜惠女士、方隆彰老師等前輩的方法指導，啟動大家開口分享，讓我明白了大師的「視人人為老師」的理念。就在全球各地成立兩千多個讀書會時，在一次全山大眾集會上，大師特別表揚了「人間佛教讀書會」的成功，並立下要成立五千個讀書會的新目標。

以眾為我的性格磨練

當我以為這已經是個人能力的極限時，一日又被叫到法堂，師父要我兼任佛光會秘書長。對於一個完全沒有參與過佛光會的我而言，這不只是挑戰，而是多大的擔子啊！佛光山與佛光會如鳥之雙翼，承諾後就是一個莫大的承擔，要面對廣大的群眾，這是一個千變萬化的「禪堂」，更是我修道上極大的「翻轉」。過去喜歡安靜獨處的我，那個習慣於獨來獨往的我，必須被快速磨練、被全然推翻。就這樣從二〇〇四年一直走到今天，回首那一句大師的交託：「我要你把佛光會員都變成讀書人，把讀書會員都變成佛光人」，仍在腦海裡迴盪！

從「生活書香化」到「佛法生活化」，已然成為我服務大眾的目標。這是一條漫漫的修道路，在人我的歷練中洞察眾生百態，讓我走入民間裡知其苦，願得離苦。過去曾經對政治的偏見，重新讓我理解任何執政者錯誤的政策，所帶給人民的苦難有多麼大的影響，讓我愈來愈清楚「同體共生」下，彼此依待的關係互相牽扯著因緣有多麼地複雜，讓我剎見因陀羅網交織著無數的因緣果報，又從果報裡帶出重重無盡的因緣。

在佛光會裡，人多事多，如果三點半起床就算修行，為大眾忙碌至凌晨三點半不睡覺，算不算修行？如果「過午不食」叫修行，常常餓過一餐又一餐的「過午未食」，算不算修行？我重新定義「苦行」。正如維摩大士所言：「行於『非道』，是為通向佛道。」每一個「絆腳石」都將成為我生命中的「墊腳石」。只有在眾中，方知自己多麼地不足；只有在眾中，方知要調伏的習氣有多麼地困難。大師的「以眾為我」是一帖對治「我執」的良藥，那千年萬年帶來的稜稜角角的個性，需要在「入世」中，才知道什麼是「出世」的精神，什麼是「無所得」，什麼又是「夢幻泡影」！

不要做呷教的出家人

大師總是很有說服力，讓弟子們覺得「對啊！」然後「依教奉行」，無論是後來的「金光明寺」，或是「中華人間佛教聯合總會」，大師總是幾句話就說服了我去承擔、去成立。他說：「你不是常常辦佛光會幹部培訓嗎？」我說：「對啊！」他又說：「你不是常常要辦讀書會培訓、童軍團培訓嗎？」我又說：「對啊！」「既然這樣，你就去接金光明寺，把它作為『人才培訓的基地』。」現在想起來依舊難忘。「師父，我不會做住持，住持怎麼做？」師父說：「你就是給人吃，不怕人吃，要有『供養心』就能做住持。」就這麼簡單嗎？原來「吃」代表著「人的需要」，知道大眾的需要，滿足大眾的需要，體恤大眾的需要……。原來關鍵字不是「吃」，而是「給」，「給」出大眾的需要。大師不就是因為「給」學生讀書，「給」出了十六所佛學院嗎？為了「給」信徒方便學佛，「給」出了五大洲的三百個道場嗎？「給」是大師一生奉行的圭臬，更是他擁有三千大千世界背後的實踐哲學。

其實有好長一段日子，家裡的師兄們很怕我回山上，因為每次回法堂就會承接一些新的任務，兄弟們笑我是「承包商」，回來作「發包員」，唯一待遇就是「增加修道資糧」。其實也因為事情多，回去跟師父報告的故事也多，從里民談到社區，從台灣選舉聊到兩岸政局，分享著出版界又出現了什麼樣的暢銷好書，談論著「佛光三好人家」的趣事，「典範教師獎」的動人事蹟，「星雲真善美新聞獎」的精采遴選過程，然後陪大師寫字，看著他抿著嘴一氣呵成的模樣，每一張都是老人家對世間的一份情，每一張也都是他想要再多給社會的一點幫忙。陪著師父聊著東南西北，這大概就是我一生最快樂的時光，促膝在他的座下分享著弘法的點滴，聽他講述著佛教曾經的過往⋯⋯。

就這樣，我新的任務就又來了，大師說著他掛念佛教界不能團結，掛念著中青代的我們沒有往來，未來佛教一旦遇到危機就沒有力量。於是他說：「覺培，五十歲以前你可以『為佛光山』，五十歲以後你要『為佛教』。」很意外的是：那一年我正好五十歲，還來不及理解下，師父又說：「佛光山的好，還不是我最終的期望，我最想看到的是整個佛教的好。」這席話感動無數的佛教界法師們，二〇一五年八月九日「中華人間佛教聯合總會」就這樣成立，大師指示地點就在「金光明寺」。大師從高雄親自來到新北市三峽，面對兩百餘位佛教界的諸山長老、居士大德們，以「我不是呷教的和尚」為題，毫無保留地講出了佛教曾經衰敗的原因，恨鐵不成鋼地形容「呷教的出家人」如焦芽敗種，佛教又豈能興隆？從未看過他如此嚴肅地一番開示，那是對教界提出的深刻反省，更是對佛教未來的深深期望。「為了佛教」他千辛萬苦忍人所不能忍，「為了佛教」他勇敢地向過去教界的陋習提出革新。

人間佛教
讀書
天下
遠見
天下文化
星雲大師
覺培法師

直到今天，「中華人間佛教聯合總會」從緬甸、泰國南北傳佛教交流，到兩岸攜手至日本佛教訪問，也從禪宗之旅走到各宗派祖庭參學。每年所舉辦的「人間佛教發展研討會」，從「佛學院的教學方法」到「佛教的寺院管理」，疫情期間更推出「佛教e化升級」專案，疫情後更前往梵諦崗拜會教宗，佛教界看到佛光山宗長心保和尚在大師圓寂後依然向前，信守承諾地完成了跨宗教的對話，一路感謝星雲大師的恩澤庇蔭，身為弟子的我更覺得這是對浩浩師恩最好的報答。

師父曾告誡：「出家人，沒有失望的權利！」那是他為了鼓勵我對媒體不要失望，轉而成立「星雲真善美新聞貢獻獎」，還特別邀請數十年的知交高希均教授擔任該獎的主任委員。大師圓寂後，身為弟子的我們，不僅沒有失望的權利，更「沒有繼續悲傷的權利」，正因為時代的巨輪滾動著各種難題，不容許我們懈怠，也正因為「不忍眾生苦」宣揚佛教平等與和平的主張刻不容緩。因此，我深信在實踐人間佛教的道路上，大師早已為我們播種，等待我們繼續去耕耘，更深信大師始終與我們同行！

師父身教言教，終身效仿

覺誠法師　佛光山新馬印泰總住持

我的師父——星雲大師，是我依止學習的典範，師父的身教言教影響了我的一生。

慈悲的師父，在我每一次回到總本山，到法堂向師父頂禮銷假時，總會聽到他慈和地說：「覺誠回來啦！辛苦了！我可以為你做什麼嗎？」作為弟子，聽到師父這麼暖心的問候，身心都沉浸在喜悅和感動之中。海外弘法有再多的艱辛和挑戰，就在這一句「我可以為你做什麼」得到撫慰和化解。

師父常常會關心徒弟是否用餐了？順手遞來一顆水果，或是請侍者煮一碗麵。這看似不經意的日常舉動，卻彰顯了師父對徒弟的關懷，也展現了師父在一言一行之中無盡的慈悲和睿智。

我常在思維，作為佛光山的徒眾、星雲大師的弟子，我在日常待人接物，處理弘法事務，若能有一絲一毫的大度得體、圓融周到，必定是師承於我的師父。

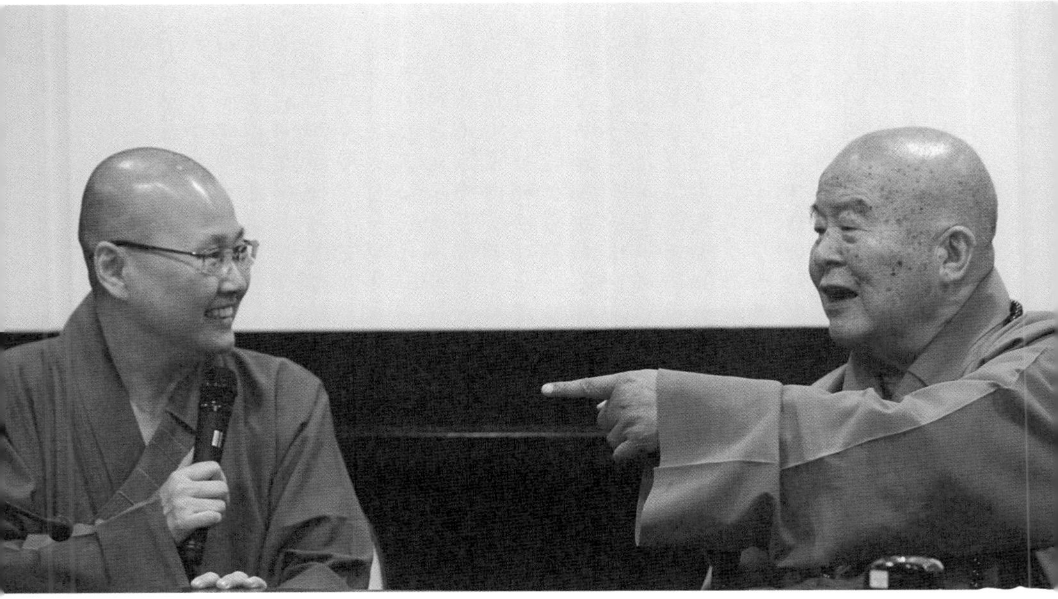

善巧方便，與人為善

回想一九九二年，我從馬來西亞飛往佛光山，進入叢林學院就讀。師父一向很關心同學們，我記得他經常問我們的生活有困難嗎？

我個人方面，只覺得生活種種的不習慣都可以克服，反而覺得進來佛學院，身體變好了，沒有那麼多的胡思亂想。只是愈來愈習慣叢林學院的生活，但我的母親卻愈來愈反對，害怕我會出家。

面對抉擇的兩難，有一次師父在法堂和同學接心，師父問：「在叢林學院學習，有什麼困難嗎？」我舉手請示了師父：「我很想繼續留在佛光山叢林學院念書，很喜歡這裡有規律的生活。可是，我的母親說她生病了，她想叫我回去馬來西亞，不知該怎麼辦？」

這是我生平第一次和師父對話，一開口便是生涯規劃的「大哉問」。想不到師父很睿智地回答我：「你度得了你的母親，說服得了你的母親，你就回去。你如果度不了你的母親，說服不了你的母親，你就把她帶來佛光山。」

沒想到，第一次和師父對話，得到的答案語帶玄機。我雖然當下還不能完全參透，只好「依教奉行」，請母親到台灣，在佛光山各道場參訪，逗留了一個多月。沒想到，母親在徹底了解佛光山之後，支持我出家。

後來，我才了解師父對世事人情的觀察、剖析是如此地精準，他讓我不要在語言上和母親僵持不下，企圖說服她，而是付諸實際行動，讓母親到佛光山一趟，出家的事便能夠水到渠成。

這件事決定了我出家的方向，永遠銘記於心。我覺得師父的身教、言教就是：「善巧方便，與人為善。」

一滴甘露，廣結未來緣

最初，奉師父慈命，我到巴西服務，後來回到馬來西亞，又兼任新加坡、泰國、印尼、印度等教區的弘法工作。印度是佛陀的故鄉，對於印度佛教的復興，師父可說是念茲在茲。

二〇一八年四月，我在法堂請示師父：依印度目前的情況，要多久才有辦法讓正信佛教恢復？師父淡淡地說：「努力再努力，最少也要一百年。」

我想了想，對師父說：「我想在印度辦希望小學，只有教育可以幫助印度，這我可以做到。」師父聽了之後，就跟旁邊的侍者說：「去拿紙筆來，我要寫字給覺誠支持他辦教育。」

在場的人都覺得震撼，因為師父的手發炎疼痛，已經三個月不能寫字了。沒有想到，為了支持印度佛教的復興，他老人家卻強忍痛楚，一口氣寫了二十幅「佛」。看著師父一筆一筆地完成「佛」字，寫在師父的手上，也痛在我心上。我的心與眼一樣含著淚，這就是我的師父。當下我告訴師父，請師父放心，我會努力，效法您的精神，「光大佛教，捨我其誰。」

回想二〇〇六年，師父前往印度的海德拉巴舉辦十萬人的皈依大典。那一次，是紀念印度佛教復興之父安貝卡博士帶領五十萬賤民皈依佛教的日子。當天在皈依現場，活動開始前的一小時，大眾就陸續進到露天廣場。我沿著四邊的路口發放皈依卡，師父就站在十字路口，開始為大眾皈依三寶，現場由妙光法師負責翻譯。

我們都知道這一滴甘露，對種姓制度嚴格的印度，不知能起多少作用，但偉大的師父只有想到「廣結未來緣」。誠如鑒真大師所說：「寄諸佛子，共結來緣」。相信，這一顆顆的菩提種子，終有發芽的一天。

師徒之心，永誌不忘

有一回，我剛步入法堂，就聽到師父一句話：「不自覺，沒有用！」我愣了一下，這句話深深地嵌入我的心扉！雖然，師父是在指導其他的弟子，不是在指責我，但是，我從旁聽到這句話，內心很震撼，就把它收到心裡面了。時時「自覺反省」。

佛陀的教法就是「自覺」。唯有自覺，才會主動，自我要求，自我進步！因此，這句話就成了我的座右銘。

又有一次，某個邪教組織來到馬來西亞，我和馬佛總、馬佛青領導人一起聯合抗議並且去報警，在報章上公開批評邪教不可信。結果收到對方的律師信，控告我誹謗名譽，要我賠償一百萬馬幣。我將這件事情報告了師父，師父回我說：「覺誠，我支持你，你有正義的勇氣！」雖然過程是煎熬的，最終，我和報社的律師連成一線，把對方告回去！結果對方不僅不敢再向我們提告，更不敢再有什麼行動。從這件事情，我在師父的身上學習到一句話：「為了佛教，要有正義的勇氣。」

記得有一年，隨著師父及長老們去了紐約的鹿野苑道場，那是一個二百英畝寬闊土地。那時，正值中午，我看到師父捲起袖子，在擀著麵餅，我跟師父說：「師父，我要學。」師父說：「好。」於是我就在身邊看著師父怎麼擀麵皮、煎餅，師父回頭跟我說：「學起來，將來做給信徒吃。」這句話，烙印在我的腦子裡：「學起來，做給信徒吃。」

於是在巴西，八月中秋沒有月餅，我就按圖索驥，試做了月餅。信徒要回去六百公里外遠途的路程，我做了壽司，很歡喜地供養了信徒。若干年後，信徒跟我聊起這件事情，笑著說：「你知道嗎？覺誠法師，你做的月餅、壽司，我們都不敢說，實在是難以入口，但是想到你這麼地用心，我們還是感動地把它吃進去。所以現在，我們學會了做好吃的月餅、做好吃的壽司，來供養回報給你。」我聽了，慚愧萬分，但是也給了我勇氣，現在很歡喜地學習各種素食烹飪，煮給師兄弟、信徒吃，就是師父的這句話「學起來，做給信徒吃」。

還有一件事情也是令我難忘的：到了巴西，因為出家資歷粗淺，許許多多的不懂，好像自己很委屈，於是跟師父訴苦。只見師父聽完了我的苦衷，說道：「覺誠，你要忍耐，什麼是生忍，你知道嗎？」我點點頭。師父又說：「你知道什麼是法忍嗎？」我也點點頭。「你知道什麼是無生法忍嗎？」這個時候，我愣了一下，搖搖頭。師父站起來，只見師父雙手拳頭捏緊，咬緊牙根，然後跟我說：「忍無可忍，繼續忍！」放下了拳頭，師父微笑地跟我說了這句：「忍無可忍，繼續忍！」

數十年的弘法工作，有人問：如何保持精進不懈的力量？尤其當疫情肆虐之際，如何做到「不驚、不怖、不畏」？那是因為師父的教誨，忍無可忍，繼續忍。生法、法忍、無生法忍，無時無刻，都在我心中浮現。生命有限，沒有時間去煩惱，把握當下，做好該做的事。

雖然師父色身已經圓寂，但是心中深信：師父的法身慧命長存。

全球徒眾，提振精神，勇往直前，心存感恩，永續師父願望：「佛光普照三千界、法水長流五大洲」。佛光弟子們的佛性能源正在啟動，發光發熱，照耀八方，光我佛教。

師父總是站在前方為我引路

覺具法師　佛光山開山寮監寺

覺具

我一直很遺憾自己的記性不夠好，無法如同佛世時的阿難一樣，如是我聞地背誦出師父您的所有言教，枉費自己跟隨在您身側二十餘載，辜負了大眾的期盼。爾後，但願自己在一點一滴的回顧中，慢慢用粗糙不成熟的文字寫下一些，在師父的示教利喜中所見聞到的每個感動瞬間。

二〇〇一年八月十八日的傍晚，夕陽下山後的灰茫夜色中，我在宜蘭河畔的河濱公園，為一年一度的宜蘭城法會（每年農曆的七月法會）會場布置趕工時，一通突如其來的電話，改變了我往後的學習方向。

侍者因緣

拿起道場的對講機，話筒的那一端傳來傳燈會執行長的聲音：「覺具法師，常住要調你回山任開山寮的當家，你是否願意？」什麼？當下我一度以為是總機轉錯電話，經過再三確認後我的心瞬間慌了，好像是晴天霹靂一樣，耳朵頓時隆隆作響，無法繼續專心地聽下去。我一連問了好幾個問題，這是什麼職務，以前可從未聽過的職務？開山寮當家要做些什麼？我什麼都不會為什麼會找上我？而且我才剛到宜蘭報到還未滿一個月。

然後電話那頭卻換成了長老慈惠法師的聲音，她對我說道：「覺具！師父年紀大了，又有糖尿病，想找個人專職負責他的三餐飲食。上次在南華學舍，師父吃過你煮的飯菜，你有基礎，所以希望找你回來。」我不懂師父的飲食習慣怎麼辦？我也只會一些家常小菜而已。忘記我說出了多少自己的不足之處，但等到的回應只是平淡的一句問話：「這是一個難得的機會，你只要說你願不願意回來為師父服務？」我忘了自己是如何結束這通沉重的對話，與其說是不擅長拒絕的自己，勇敢地接受了這個新的任務，不如說是連拒絕的勇氣都沒有，我硬著頭皮接下另一個比當蘭陽別院的監院還更惶恐的工作。

說是蕭師姑急著要出國，所以要我搭第二天最早班的飛機（那個年代雪隧未建，更沒有高鐵）回山報到。事出突然，也不能以明天還有場盛大的法會要進行為由搪塞或延後回山，只能在取得住持的同意與諒解後，在連自己都還搞不清楚回山後的工作與定位的狀況下，簡短地告知大家：「很抱歉！因為山上臨時有很重要的事要我回山一趟，明天的法會有勞大家的支援，回山後再親自向各位道謝。」連夜把剛剛接過手的各項工作，再一一地交接給各組組長。天剛亮才回到寮房，把才從南華學舍寄來的幾箱個人行李，再寄回本山。一大清早匆匆地告別大家，獨自揣著惶惶不安的心情，離開了這個還差三天才滿月的單位。

記憶猶新，幾天前才悠哉地搭著近七小時車程的莒光號列車來到宜蘭報到，沒想到走的時候，卻搭乘了最快的自強號列車到台北轉機，離開了這個還來不及深入的蘭陽地區。機上來不及思索著這一切的莫測變化，飛機已然降落在高雄小港機場，傳燈會執行長親自來接機，並沒有讓我感受到備受禮遇的喜悅，而是從常住對這份職務的重視程度中，更增添了我內心的不安與心虛。

回到山上，拿著報到主管竟然是「師父上人」的派令，到開山寮向師父銷假並且報到。在接受完師父與長老們的信心喊話與鼓勵之後，心跳速度還未得到緩解的我，被以往一直負責師父三餐飲食的蕭師姑帶進一個小廚房中，進行今天急著叫我趕回來最重要的一件事情：「職務交接」。原以為會有一本厚厚的御用菜單可以參考，或是一張糖尿病的飲食注意事項等，最起碼也應該有師父一日三餐的飲食習慣記錄可供參考的說明，但沒想到師姑只用了「三十秒」就完成了所謂的交接工作。

只見氣定神閒的蕭師姑，將我領進了他以往的地盤（一間窄小的廚房內），打開一台空無一物的小冰箱，上下打量了我一番之後用台語說道：「你就是覺具？來，這台冰箱的東西我都清掉了，以後這台冰箱就都歸你管了。」簡單的三句話就完成了我期待的工作交接，我立刻不安地追問著：「啥？就這樣喔？那師父平時三餐都吃些什麼？都什麼時候吃飯？我要準備多少？有沒有什麼禁忌？……」還沒等我問完話，只見師姑邊走邊說：「不用煩惱吶，師父一生吃得很簡單。我攏麻是輕差煮，師父麻是輕差呷（台語）。」留下腦筋一片空白的我，獨自在廚房中躑躅良久。

佛

建立信心

老實說，當下我真的很後悔自己昨晚為何這麼輕率地承擔下這個職務，原本還把所有的不安寄託在殷殷企盼的職務交接上，想不到既沒有手把手的經驗傳承，也無任何的叮嚀與囑咐，滿心期待下的救命丹，竟只是一台空空如也的冰箱。盱衡自己當時的情況，既沒勇氣臨陣脫逃，也無轉圜的餘地，儘管進退兩難，也只能先披掛上陣再說。而我的師父似乎看穿了我的惶恐與不安，輕聲地對我說道：「回來就好，先安心再說！我調妳回來不是專門來煮飯給我吃的，而是要妳平時有空多讀書。讀書就是工作，讀書也是修行的一部分，一個人要肯得讀書，將來才會有出息。」師父的一席話，讓我安心不少。

我其實很喜歡讀書，但是對於身在忙碌的分別院的我來說，讀書真的是件奢侈的事，感覺大家都在忙，而你想抽時間坐下來讀本書，好像是在偷懶，往往看書看得很有罪惡感。如今聽到師父對我說讀書也是工作時，內心真的好感動，師父似乎有他心通，知道我內心在想什麼似的，一語就說到我心坎裡，而我終於可以光明正大地讀書，盡情地徜徉在書海裡，也不會被認為是在偷懶了。

報到一週後，師父似乎是有意將我介紹給山上其他師兄們認識，開始輪番著請徒眾吃飯。今天請書記們來吃飯，隔天又請文化單位的徒眾來吃飯，再隔天又請教育單位的徒眾來吃飯，接著又請都監院的人來吃飯，一連數天師父不斷地請客，而每次總會在徒眾們吃飽飯後，不厭其煩地一一詢問大家：「飯菜好吃嗎？大家有吃飽嗎？」這些徒眾們難得有機會可以前來開山寮用餐，被師父請吃一頓飯，自是再歡喜不過的事，每位師兄的臉上都洋溢著幸福的笑容，異口同聲地對師父說：「謝謝師父！飯菜好好吃，我們吃得很歡喜，大家都吃得很飽！」那一刻，**我知道師父其實是在藉由請徒眾吃飯來為我建立信心。**

如今想起來，與其說當初那個初生之犢不畏虎的我，不知道是哪裡來的勇氣，在沒有經過審核，又沒有受過培訓的情況下，竟敢硬著頭皮接下這個開山寮的伙食差事；不如說我有一位勇氣過人、慈悲又有涵養的師父，默默地等待著什麼都不懂的我，一天一天緩慢地成長。我的師父最擅長於化腐朽為神奇，從無到有地落實生活中的點點滴滴。當各單位主管都爭著跟傳燈會要某某專長的人才到自己單位時，師父卻總能將無用之人當作人才來用，久而久之即使是無大用如我，也能在師父的調教與忍耐之下，慢慢習得一技之長。

我的師父以自己的三餐為籌碼，為我提供了無數個造辦飲食的時空與因緣；我的師父用自身肚皮的包容與忍耐，為我爭取了養深積厚的學習空間；我的師父以自己的威德與聲望為因緣，為我締造了無數個宴請賓客的招待機會。在每場宴會過後，我總是抱著懺悔的心情，感謝師父對我的提攜與栽培，感謝每位賓客默默承受我不純熟的廚藝，感謝每位來法堂用餐的長老與師兄們所報以的微笑鼓勵，感謝這二十多年來難遭難遇的所有因緣，在師父與長老和賓客的成就與忍耐之下，在一次又一次的淬煉中，經過一場又一場的宴會洗禮，以及師父用數之不盡的歲月，犧牲自己的五臟器官，才換來如今信心稍長卻依舊不夠稱職的我。

廣結善緣的重要

師父有「成人之美」的雅量。雖說我們是師父的侍者，但師父從來都不耽誤弟子們的前程，對於自己身邊的人也總是內舉不避親，當自己調教有成之後，總是推薦給常住並委以重任。回首過往，師父總是一次次地將他身邊的人送走，去承擔常住許許多多重要的職務，然後再讓新人有機會來到師父的身邊親近、服務。而我很慶幸自己幾次都沒能讓師父成功地把我送走，不過師父卻也從不間斷地丟出一個又一個的任務讓我兼職，使我在不同的職位中磨練、成長，以累積更多元的工作經驗，並讓我藉著為大眾服務的機會，為自己培植日後的福德因緣。一路走來，師父總是站在前方為我引路，時而給我難關，時而給我鼓勵，時而考驗，時而棒喝，時而又給我無限的信心與力量，讓我在一站又一站的訓練中，得以站穩腳跟，昂首向前。

二〇〇三年師父讓我在食宿單位服務，每逢山上大節日時，在承載著幾千人用餐和住宿的餐飲單位裡，需要動員各項的支援和人力，這時方知師父的良苦用心，他讓我在這個大冶洪爐的環境中認識到，一個人素日裡「廣結善緣」的重要性。當全山各單位在人力資源都欠缺的情況之下，只能看自己平時對外結緣的多寡，是否能號召得到人馬前來幫忙。於是從那時開始，我不只擔任師父開山寮的侍者，在兼任雲居樓主任的同時，我又給自己安排了無數堂的典座課，去佛學院教書，栽培未來的餐飲人才，到分別院開典座班培養善因好緣，接受各方的邀請去為信徒結緣上課。

經過了三年的養成與學習後，師父再度藉由不同的授命，讓我懂得身為主管，應該充分授權並提攜後學，即使自己不在單位中坐鎮，也能讓組織一如既往地正常運作，而在任內就應該要做好接班人選的培訓，做到隨時隨地都可以將職務交棒出去的準備。這時，師父給我抛出一個全新的工作領域，他讓我負責整頓全球所有的滴水坊，在已開設的滴水坊中，輔導各地統一Logo、統一菜單、統一服裝、統一每道料理的SOP標準作業流程等，真所謂隔行如隔山。為了將師父「滴水之恩，湧泉以報」的精神，建置成CIS（企業識別系統）的種種品牌概念，請教無數專家、拜訪專業團隊、招攬各方前輩前來相助，而後並輔導幾間道場設立滴水坊。從店內設計、裝潢，到菜單製訂，乃至工作人員招募與培訓，及至輔導當地開業、運作等等，後來甚至嘗試成立中央工廠，負責生產、調配真空調理包，好讓每間滴水坊可以減少生產作業流程。當一項項的工作業務接踵而至，在實際參與滴水坊總部的各項業務中，面對每個階段的困境與挑戰，在忙到焦頭爛額、應接不暇時，**方能體悟到師父當初在開山時期的種種創業艱難與不易。**

無聲說法就是行佛

二〇〇六年，佛光山在大陸開設了第一間滴水坊，師父又派我去蘇州一個月，教會當地的廚師煮素食料理。臨行前師父特地跟我叮嚀：「此行去大陸，**妳要積極，但要低調，妳要弘法，但不能說法。**」乍聽之下感覺這二句話中充滿了矛盾，並使我備感壓力。不過正因為想不通師父話裡面的深意，索性也就不去想它，只管認真地傳授料理給當地的廚師，熱中地投入為滴水坊的餐點把關，並且熱情地招呼進門的客人，把所有來用餐的客人都當成自己的親友般接待。

而我萬萬沒想到，當我們秉持著師父「給」的精神，用最好吃的料理來供養大家，而以最親民的價格來接引大眾吃素時，不知不覺間竟潛移默化地影響了許多食客，讓他們感動，繼而願意將如此善美的理念推廣出去，而且獲得網路上非常好的回響。這時，我才真正懂得師父對我的叮嚀，原來「無聲說法」才是最高超的弘法，原來「以身教來度人」，才是最好的度眾方式。我感到很開心也很激動，這是師父的言教在為我們示教利喜，師父又為我們上了精采的一堂課。原來只要我在日常生活中，時時奉行師父的理念，秉持師父的精神，落實「四給信條」，則處處都能感動他人，這就是真正的「行佛」也。

師父的信任與包容

覺容法師
佛光山歐洲教區總住持

覺容

一九九一年，我的母親開始學佛，引起全家人的好奇，每次母親參加寺院的法會活動後，我們姊妹總會探詢去寺院到底做些什麼事？當母親轉述參加法會後法師開示的佛法，似懂非懂的我們總喜歡與母親辯解佛法內容，每當母親說不過我們時，就說「你們自己去參加法會，有問題可以直接請教法師」。此時，對佛教還不是很了解，也提不起興趣參與佛教寺院的活動。後來，陪同母親參加佛光會台南區成立大會的因緣，會議中佛教聖歌莊重感人，不覺地流下眼淚，平凡世俗的心突然柔軟起來。開始接觸佛光山位於台南福國寺的法會，慢慢感受到有了佛法，帶給人生正向思考與許多的歡喜，自參加佛光山於北海道場舉行的短期出家後，立即下定決心，用一個多月的時間辭去工作，於一九九二年九月就讀佛光山叢林學院。

在叢林學院學習期間，師父上人在每次聯合開學典禮上，或出外弘法回山，都會跟學生講話。當時跟師父上人的距離還很遙遠，都是坐在大禮堂裡聽師父的開示。學院第二年快放暑假時，有一天被叫到學務處，永富老師告知師父上人要擴大書記室編制，今年學院推薦了六位學生派至書記室，問我是否願意去學習寫作。當時，我甚是緊張，我只是在家眾，還是佛學院的學生，並且沒受過文學寫作的訓練，到了書記室怎麼辦？心雖有罣礙，但脫口而出的是「依教奉行」。

佛光山的行事效率很快，我馬上從學生變成執事，常住安排我住到法師的寮區大慈庵，我的心裡充滿疑惑，也有些不自在。主管滿果法師轉達了師父上人的關心，讓我跟一起到書記室報到的出家眾同學們住在同一生活區域，才好互相關照。幾天後，師父上人巡視道場弘法回山，召集書記室成員，還特別帶我們到如來殿二樓看看新的辦公室，說明寫作方針，讓我們實習生不用緊張，可以從蒐集資料開始做起，叮嚀我們要多看書，每天都要寫文章，要有集體創作的精神來參與佛教的文化事業。

在書記室最大的福報，就是可以跟著師父上人弘法，學習記錄每一場弘法開示內容。這段期間，並不會因為我只是一個在家眾，就減少學習的機會，當年不只能跟著師父上人至各道場巡視弘法，也跟著其他書記隨同師父上人至香港，參加香港紅磡體育館的佛學講座。才到書記室半年，像我這般還不能為常住奉獻什麼，做事能力不足，做人也不圓滿的實習生，真真實實感受到師父上人平等無分別的廣大心量，他對每一位徒眾，每一位有因緣者，都能細心關照，讓大家安心自在，給予充裕的時間、空間學習成長。我深深感動，點滴在心。

在書記室一段時間後，對佛光山本山愈來愈熟悉，記得有次師父上人回山問起他外出弘法期間本山的人事物變化，我就一一回答。那次得到師父上人的稱讚，說我能記得本山那麼多人的名字，陳述事情也條理清楚。正好傳燈會需要有人負責將剛出版的《佛教叢書》發送給全球的法師，師父上人就將我的工作轉到傳燈會，告訴我，我可以用同為在家眾的身分，幫忙關心在本山發心服務的許多在家菩薩。

傳燈會是佛光山家長的角色，負責代替師父上人照顧徒眾，一般是指出家眾及入道的師姑，但也有不少像我這樣不出家、不入道，在佛光山服務的在家眾義工。師父上人一直希望這些菩薩可以得到更好的照顧，讓大家能如同出家眾一樣在佛光山安住發心。師父上人對在家眾的關心不是口頭說說，或交辦他人後就鮮少過問，反而是經常問我本山在家眾需要哪些福利，有哪些人才，應該要給予提拔，或有遇到困難者，師父上人就安排時間與其談話，給予鼓勵。

此時，雖是聽從師父上人指導，調離書記室，但隨行記錄師父上人開示的因緣不再，難免覺得自己真是福德不足的失望。許久之後，當我承擔傳燈會人事調派工作時，聽到師父上人對徒眾說，「對於善於煮菜、開車、記帳的徒眾，你們來出家，我不忍心讓你們一輩子只做本來會做的事，總想著如何讓你們能有更多的學習，發揮更多的才能，結更廣大的善緣。」此時才體會到師父上人讓我從書記室調到傳燈會，看似從拿筆轉到搬書，但因此我有為佛光山全球的法師服務結緣的機會，也透過報告本山在家眾服務狀況，親受師父上人的許多指導，訓練我的組織及口頭會報能力，更增加對佛光山僧團的信心。對師父上人總是心心念念為每個眾生創造更寬廣的人生的因緣，心中感到無限感激。

學佛路上鈍根的我，比起許多人，有更多親近師父上人學習的因緣，也歡喜在佛光山學習佛法，很適應在叢林裡為大眾服務的生活，但對於俗家總有許多掛念，家人也期望我回家。幾經考慮，我鼓起勇氣向師父上人報告預計下山回家的計畫。記得當時師父上人只是輕輕地說「下山容易，回頭難」。這簡單的幾個字，如禪門棒喝，震懾迷茫已久的我，如夢初醒，自此內心安住，不久後很自然地於師父上人座下剃度出家。現在每次回山走到頭山門，看到「回頭是岸」幾個大字，總想起師父上人對每位徒眾老婆心切的關懷與叮嚀，更慶幸自己此生不至沉淪，能跟隨師父上人學習佛法，弘傳人間佛教。

因為出家前已經熟悉傳燈會的工作，出家不久之後，師父上人很快地調派我擔任傳燈會執行長，執行師父上人對出家徒眾及師姑的照顧、培訓、調派等工作。這對於出家年資很淺的我是很大的困難與挑戰，在慌亂不安的心情下接受這份職務，真正處理工作與人協調時又經常不周全。好多次跟師父上人提出要調職，我做不了這個工作。師父上人不會直接回答我的請求，而是以善巧方便，在大眾之前為我護航，讚歎我耐煩、包容、慈悲等等，每聽到這般的讚歎，我只有更加慚愧自己的種種不足，覺得這是師父上人給我的功課，要我在出家路上，學做一個耐煩、包容、慈悲的出家人。如同師父上人指導禪堂參修的徒眾，總是問大家，禪修以來，內心有沒有柔軟一點、慈悲一點，對徒眾更是語重心長地說「出家人什麼都可以沒有，不能沒有慈悲。」師父上人再三叮囑的「出家人不能沒有慈悲」，我謹記於心。

很多師兄都說我很有福報，因為出家後我有十多年時間接受師父上人的指導，在總本山從傳燈會到司庫室、訪視、宗務堂等行政工作歷練。這十多年剛好是佛光山開山三十周年到四十周年期間，佛光山的弘法事業發展得很快，師父上人經常提醒大家，佛光山組織最重要的是健全人事與財務制度，教團才能和合久住，弘揚正法。師父上人只要有空，就召集本山各單位的重要幹部跟徒眾，不斷地開示指導，為大家建立佛光宗門思想，提醒大家要依循常住制度行事，鞏固領導中心。在師父上人〈真誠的告白──我最後的囑咐〉一文，不斷地提到：「我所掛念的是徒眾的調職，大家要依循《佛光山清規》」等，我也要跟師父上人說：請不要掛念！過去跟在師父上人身邊經常薰習「集體創作，制度領導，非佛不作，唯法所依」的宗門思想觀念，成為我後來調派到歐洲這十多年來的修道資糧。身處歐洲，在空間上雖然與總本山有幾千里的距離，但是有本山制度可以學習跟依靠，就不覺得遙遠，心中時時感受到師父上人與常住的關心和支持。

元宵節早課前，收到本山的信息，要我趕緊訂機票回山，此時心裡大概知道應該與師父上人身體狀況有關，但不太敢面對，不想問明白，心裡抱著希望，祈願師父上人法體安康，久住弘法。但心裡有另一個聲音，不捨師父上人如佛陀一般為了讓眾生有所依靠，受這麼多的病苦。這幾年來師父上人以承受色身的病痛，為徒眾們爭取多一些的時間來學習承擔如來家業，讓佛光山教團的弟子們能在推動人間佛教的大道上走得更穩當長遠。師父上人在〈真誠的告白——我最後的囑咐〉中寫到：「我雖然帶走了你們對我的尊重，帶走了你們給我的緣分，帶走了你們對我的關懷，帶走了你們與我的情誼，未來我會加倍補償你們。」每每讀到這一段話，感受到師父上人超越時空，不捨任何一個眾生，永遠想著如何對眾生有所幫助的菩薩大悲心，我就無法控制地感動落淚。

趕回到本山，師父上人圓寂了，以後每年回本山講習上課，要去哪裡跟師父上人銷假？見不到師父上人了。但師父上人似乎也沒有離開，哼唱著師父上人作詞的〈惜別歌〉：「為教爭光，為己爭榮，要把佛法興隆」，詞意、旋律不時在耳邊響起，心裡也升起一股奮發的力量，要「弘法利生，闡揚宗風」。此時，感到在實踐人間佛教的道路上，一路風光無限，並有師父上人走在最前端引導著我們前進，陪伴著我們度過障礙與困難。這一剎那，腦裡的畫面，師父上人微笑著看著我們，我們也追隨著師父上人「平安幸福照五洲」的願力，精進努力共創人間淨土。

心中有盞燈

覺居法師

佛光山中區總住持

覺居

上元節，傳統的元宵燈會即將開始，師父卻圓寂了。剎時，人間璀璨的燈火碎了一地，人天眼滅，明燈不復。

佛經常講不可思議，我與師父的因緣也實不可思議。我成長在一個傳統宗教信仰的家庭，祖父母與父母尊天敬地，也尊敬崇拜一切神祇，在他們的心中，凡一切神靈皆具有不可褻瀆的神聖，土地公、將爺、各府千歲乃至關聖帝君、媽祖娘娘等等，都是崇拜的對象，都該尊敬。所以我從小即不乏跟著長輩到各廟宇參拜的經驗。

及至稍長，對宗教也保持著一貫的好奇心，只要有人邀約宗教活動且有伴同往，從不推辭。某天，偶見一張佛學講座的海報，講題非常吸引人，於是循著地址找到講座的地點：佛光山泰山禪淨中心。

電梯門一打開，見到殿堂擺設素雅，有別於神尊滿室、香煙繚繞的傳統廟宇，迎面而來的法師更是親切。趁著講座尚未開始，法師為我簡略介紹殿堂、佛菩薩及基本的禮儀，並說此處有開辦兒童班及社教課程，歡迎我來當義工，並轉述星雲大師的話：「一個會做義工的人，就會做領導人。」

啊！原來做義工有這麼大的好處！當下心中許願：「只要時間許可，我一定要到佛光山當義工。」這個到佛光山當義工的志願，彷彿為我漂泊許久的心靈找到一處停泊的港灣，而指引我人生方向的明燈即在港灣中隱隱現光。

彼時，為了提升在外貿公司外語能力的需求，我計畫到加拿大溫哥華進修讀書。法師擔心我隻身在外，便安排我親近即將成立的溫哥華講堂，一則有人照應，二則課餘也可協助講堂事務，滿我在佛光山當義工的願。

親近溫哥華講堂的那段日子真令人難忘，不僅參與講堂落成典禮、國際佛光會世界大會等大活動，最殊勝的莫過於連續三天的星雲大師佛學講座，大師深入淺出地講解《心經》，每場講座結束，聽講者臉上似乎都散發著光芒，彷彿得到無上秘寶，令人非常感動。

首場講座結束後，大師特地召我參與徒眾接心座談。會談才開始，住持跟師父說我想出家，事出突然，一時之間我竟不知如何回應。師父深深望我一眼，輕輕地說：「出家是要自己表白的。」師父如此不落痕跡地解除我當下的尷尬。

數天後，大師即將前往美國，送機時大師問我何以沒去找他，我膽怯地回答：「我太渺小了，不敢浪費大師的時間。」師父說：「我的時間是屬於來找我的人。」當時我被大師毫無高下之分的平等心所感動，幾欲涕淚。師父還特別交代：有心學習佛法，不管最後是否出家修行，必定要念佛學院，唯有如此方能了解佛門規矩，對佛學名相、根本義理才不會錯解，連平常熟悉的行住威儀都得重新學習，才能真正端正身心。

聽了師父一席話，我當下決定放棄成為加國公民的機會，收拾心緒回本山就讀佛光山叢林學院，六天後披剃於大師座下。

回首來時路，才恍然了解原來此生的學佛修道路，是肇始於「到佛光山當義工」的願力。師父說：「佛陀是義工的祖師。」並認為義工等同菩薩：「擔任義工，是一種生命的奉獻，是一種力量和時間的布施，所以義工都是行解並重、福慧共修的菩薩行者。」

而要從台灣天搖地動的那刻起，我才深切體會師父「當願眾生得離苦，不為自己求安樂」的菩薩義工真義。

西元一九九九年九二一，七．三級的大地震是台灣自二戰後傷亡、損失最嚴重的自然災害。當時我奉派在草屯禪淨中心當監寺，距離震央南投集集不遠。隔天清早陸續傳來慘況，當下立即與師兄帶著信徒到附近的小學操場煮熱食，分送到災民手中，從清晨煮到夜晚，直到把禪淨中心庫房的食物全部搬空為止。

深夜，時任叢林學院院長的永固法師，銜師命率師生帶著大批救援物資到來。她轉達此刻在歐洲弘法的師父的指示：「全球佛光人成立賑災中心，總動員幫助救災。」師父的指令猶如曙光，給遍地斷壁殘垣的災區帶來溫暖。

賑災工作持續進行著。大師且將救援行動分為賑災、救濟、協助重建家園、撫慰心靈創傷等四大面向。在第一階段的緊急救難後，依大師指示在災區設立十餘處佛光園「心靈加油站」，開設心靈輔導課程、電腦訓練課程等，以撫慰災民悲慟、不安的情緒，並且協助其生活就業。緊接著，就是協助災區多所學校的修復工程，以及幫助東勢中科國小、草屯坪林國小、中寮爽文國小等三所學校完成重建，以及提供多所學校營養午餐等等。

賑災期間，滿心只想到「還能給人什麼」，而完全忘記疲憊。從救災過程中，我深刻地領悟師父一再告誡「視一切眾生猶如己身」、「慈悲喜捨」的真義：原來，人成即佛成；原來，未成佛道先結人緣；原來，人間佛教即是在人間行菩薩之行。自此，我更加堅定以「人間佛教」弘揚佛法的信念。

師父曾說他這一生，可以用「生於憂患，長於困難，喜悅一生」十二個字來說明。生於憂患，卻能在憂患中找出方向；長於困難，卻能在處處困難中堅定腳步；喜悅一生，以三百歲的毅力完成一生的使命。這是何等智慧、何等境界？忝為弟子，師父這樣的人格高度，值得我用一生的時間，在每次的任務中細細去揣摩與領會。

記得剛選上台中佛教會理事長，原本彼此配合得非常融洽的同事，轉身即現身說法，讓我著實明白做事不難，溝通協調、委屈求全、忍辱負重完成使命才是最大的挑戰。比如在一次盛大的活動中，向秘書索取早已整理的活動所需資料，對方好整以暇地拋來一句話「沒存檔」，而且擺明袖手旁觀。眼見活動即將開始，我只得將搬貨、交通、布置、攤位處理，乃至資源回收、知賓服務等工作一手承擔。我忍氣吞聲及至活動結束，當下即思辭去理事長一職。

時隔不久，恰好有機會跟師父報告我受的委屈，師父耐心聽完敘述，語重心長地告訴我：「要站在他人的立場想，要以智慧處理事情，要以忍為力。」當時我餘怒未消，無法理解師父的用意，只覺得師父根本不了解我，這些話實在安慰不了我受傷的心靈。

但儘管心裡尚有許多不解與不滿，卻仍依教奉行，遵守師父的教誨做事，所幸隨著日子過去，在佛教會總算得到大家的認可，至此我才明白師父「時時與人為善、待人好、永遠站在他人立場想」的用心，果真如師父說的：「憂患可以長養我們的身心，困難能夠增長我們的力量，而唯有喜悅，才是人生最重要的寶藏。」師父結結實實地為我上了一堂課。

台中惠中寺擇址重建時，師父再三交代：「重建惠中寺，不要募款，不要給信徒太大的負擔。」我當時無法理解師父的話，慌張無助，心想：「這麼大的興建工程，不募款如何建得起來？」然而，儘管疑惑還是遵照師父的指導，不敢隨便跟信徒提建寺募款，只募經卷、咒語、佛號，迴向道場建寺順利。

歷經八年，新惠中寺預計明年（二〇二四）春天落成。回想道場興建期間，信徒們攜老挈幼，奔相走告全力護持工程，至今終將功圓果滿，此時我才明白師父所說的「不要募款」，其實是指不用口頭募款，募的是人心，是打從心底真誠「待人好」。只要做好照顧信徒、關心信徒、給信徒佛法的出家人本分，受到感動的信徒自然會主動來幫常住分勞解憂。原來這就是師父教我的《心經》的無上法門「以無所得故」，無所得，無你多我少的分別心，無你優我劣的揀擇，無凡夫眾生的差別對待，這個「無」的力量，讓我們回到自然而然，也讓新惠中寺從無到有，逐步完成。

謝謝師父的提攜。今生我最明智的決定就是跟隨您出家、跟隨您修行，追隨著您的腳印走在菩薩道上。雖然您不在了，卻留下無數的法寶，讓我們有依循的方向；我知道，只要閱讀您的書，遵循您的教導，即是您的法身不滅。我會繼續做好出家人的本分，有生之年持續作眾生的義工，發願讓人間佛教的美好傳遍每一個角落。

是師父的大手，拉我入佛光之門

覺明法師

南華大學宗教學研究所副教授兼所長

往事雖在歲月裡，逐漸淹沒，然，與星雲大師有半生交織而成的法緣，一次又一次師徒的見面與對話，都早已鑲嵌在腦海，深植心髓之中。是師父的大手，拉我入佛光之門。相遇緣，絲絲扣心弦。

從圓福到福山

一九八三年，不是愁少年，亦非幹練的社會新鮮人，甫從大學校門邁出，卻一腳踩入空門。某一天，聽聞大師將帶著兩部遊覽車參訪正在重建的圓福寺工程（一九七九年，圓福寺管理人陳斗淵里長夢中聽見「大樹」，前往佛光山請星雲大師協助，一九八二年改建，更名為「佛光山嘉義圓福寺」）。

期間，由依嚴法師擔任住持。那日，他率上上下下，張羅布置，好不尋常。已嗅出，寺裡每一人都在興奮期待著，也把空氣凝結在緊張氣氛裡。初入佛門的我，僅是一介草根土臉人。然算是青春模樣，於是被安排「奉茶者」的任務。一再叮嚀，只要大師一坐定，即刻上茶。面對眼前龐大雄偉，凜然巍峨的「大師」，讓自己更添幾分敬意。這是我們師徒今生首見之緣，也是弟子奉上的第一杯茶。當茶杯端放桌上，他神情凝肅，說：「我不喝！」當下，愣住呆立著，不知所措。師父說，兩部車的客人，都沒有水喝。我結巴地回：「有，有，馬上送上來了。」師父說：「等大眾都有得喝，我才要喝。」

第二次，師父再度蒞臨圓福寺，檢視工程進度。他對我說：

「上車！」

「可是我穿拖鞋，也服裝不整。」

師父依然說：「上車！」

身邊的侍者，趕緊把我拖上車。

第一次坐上大師的車。

一路上的我，腦子空白。正襟危坐，沒敢將身體靠在椅背，沒出半聲。

師父說：「你可以說話啊。」

我很緊張，一路沉默。

當車子抵達福山寺的斜坡，轉入山門時，一切似曾相識，光陰穿梭到記憶深海隧道中。

斗膽請求，能讓我停在山門口嗎？剎時，自己似乎穿越時空，前世今生重疊了。

之後，我被安排四人一桌的圓桌。大師、依嚴法師（圓福寺住持）、慈怡法師（福山寺住持、編藏處主任）及我。

師父先問慈怡法師：「她是東海大學歷史系畢業，你要她嗎？」再問我：「你願意留下來，編輯佛光大辭典嗎？」

我連皈依都沒有，三寶是什麼都不懂耶，但是，我居然點頭！依嚴法師一臉無奈，「啊喲，你們怎麼這樣？」（那時我是圓福寺小姐，打雜一樣，接電話、收功德款、寫感謝函，及大大小小，我已經在兩個月內熟悉，雖不靈巧，卻年輕又肯主動學習。）

師父不嫌棄，像我這樣像破銅爛鐵的，他也揀去用。就這樣，我就被師父調至福山寺編藏處，跟著主編慈怡法師，成為一名編輯小工。日夜遨遊法海中，晨昏親澤佛教大藏經，佛緣善根日漸浮顯於今生今世。日子屈指一數，儼然度過六個年頭。

一九八四年，福山寺第一次傳授在家五戒菩薩戒時，自己正式皈依三寶，並受在家菩薩戒，成為正格的在家優婆塞，菩薩道的覺性，也日日萌芽。

那幾年中，日子算是平靜，只有一事，就是編藏。心頭仍壓著出家念。當時有一位編藏同仁，也時常嘴說要剃度。大師給了我們見面的機會，雖說她的意願很強，可是，師父一整席的說話，似乎僅僅是講給我聽。他說：「你，不可腳踏兩條船！」就是一語道破，被看穿心思，更無所遁形。當緣分未到，煩惱心重，總是糾結俗世、出世之間。

編藏處從福山寺搬回佛光山，我也順理成章，回到佛光山。家父驟逝，悲戚外，更感無常苦，更堅定出家修行，就是唯一的路。

那一天，得知師父與叢林學院男眾學部的學生正在打籃球，這是他每日必須的行程。也許當時的我，心意已決，也不懂必須事先約定的規矩，貿然直衝球場去。約莫下午四點多，在侍者手勢指引下，勇敢走近師父身旁，仰頭對他說：「弟子要出家了。」師父說：「我不信！」他轉身，一下子消失在學生群裡，已在球場裡縱躍周旋，身手敏捷。於是，我呆坐在東山球場的水泥冷板凳上。一小時之後，夕陽霞光逐漸暈開在藍天，籃球也靜止在球場角落了。師父上人又被眾學生們團團圍住，淹沒全身。僅能從群縫間隙，隱約看見師父正在對大家說著話。只好繼續等待，時間很漫長……。

十分鐘光景，眾學生揮汗一一散去。球場逐漸寧靜下來。水泥板凳上的我，被夕陽光影照射著。當然，自己已經現形。趕緊站起身，遲鈍沉重腳步，挪向大師方向。再度地，抬頭認師。

師父問：「你怎麼還在這裡？」

答：「師父還沒點頭，我怎麼走？」

師父：「去拿出家申請表，但你要寫自己的四弘誓願。」這一諾千金，我的人生轉入另一航線，從此見到另一道風景。

成為佛光門下的入室弟子，那年一九九〇年，師父賜予法號：覺明。

出家後，師父指示弟子就讀叢林學院中國佛教研究院研究部。一方面也開始在叢林學院任教兼課，做中學。一九九二至一九九六年在法堂書記室親炙師父座下，不但蒙受文字書寫之益，師父所修改的隻字片語，令我佩服不已。大師說：「改文章，能用一兩字，讓句子通暢，卻也能保有原創者的文意，更顯高明。」

師父的身教，勝過言教。弟子只能在生活點滴中去參透，如會客之方，言談舉止，應對進對，端茶奉水等，大小細節，都在那些年裡，進入眼簾，也入於心，如家之珍，難以數盡。

一九九六年，蒙獲師父親書墨寶：「覺心明日」，無異也一語道盡，明白之日，指日可期。

寧向西天一步死，不向東土一步生

從初夏到深秋，出家生活平淡無鮮，粗茶淡飯，十年已過。一九九八年農曆的除夕夜，但已經跨過一九九九年二月有餘，全山大眾正迎新春的忙碌節奏，山內每一徒眾，依往例簽下一份新春特別的任務。突然，我被喚去法堂，忐忑之餘，即刻大步，面見師父上人。師父開門見山，說：「你不是要去印度嗎？」接著他拿起楞杖一勾，就說：「去！十五天之內！」

當下就愣住了。沒能做任何回應，恍如腦海每一條神經元是打結了吧！我很快收拾好包袱。體檢根本來不及準備。忍不住傷感及不安，從未遠離國門。憶起，出發前一晚，前往法堂向師父上人銷假拜別。心想，師父總得給我一點指示，此去印度，要如何辦學等，一些原則什麼的。

但，師父卻給我兩個重點：第一、應效法玄奘大師的精神：「寧向西天一步死，不向東土一步生！」第二、去印度，就要有十年的打算。弟子魯鈍，總是無語。在一旁的慈莊長老，是海外都監院院長，為我請求：「師父啊！十年喔，回來就老囉！」莊師父或許是深知印度環境太艱難，對我沒信心，怕我吃不起苦，也或許真的擔心師弟隻身無援嗎？

當轉身離去之當兒，師父再說：「在印度，是辦學，不用化緣，經費常住負責。在印度，必須『給』。」弟子牢牢記住，並把握最高原則。

師父或許不是神通，就是對於徒弟，一種鋼鐵式的方法，要我們能經得起火冶塑磨吧！就算破銅爛鐵，都有其潛能。就在二〇〇九年的盛夏回山銷假。師父當年所說一去必須十年才算數，竟然是一語成讖，成為我生命的不思議。那一天，從德里直奔佛光山，像似領大獎一般，即刻去法堂，面稟師父：「師父！今年正好十年了。」

師父說：吃飯了嗎？那時已是晚上九點。回：還沒。

師父喊來開山寮監寺覺具法師，「快去煮碗泡麵給他吃。」

師兄端來熱騰騰的麵條，我一口一口咽下了師父的溫暖心意。霎時間，消融於「十年時光」的酸甜苦辣味，一切盡在不言中。

用完。師父拿起了一張一筆字，交代法堂師兄，特地註記。那就是「養深積厚」，這四個字，是否師父上人對弟子的深厚期許呢？

有佛法就有辦法

一九九二年大師訪問拉達克（Ladakh），對小女孩的花供養、合掌微笑之記憶深刻，也因此培養印度青年學佛之慈心悲願的大因緣。大師認為對於佛教的復興，不在寺院的多少，也不是僧數的多寡，而是在於佛教教育的普及。教育，實是幫助拉達克人民不受貧窮和剝削之苦的途徑。一九九八年二月，首次到印度菩提伽耶傳授「國際三壇大戒暨在家三皈五戒」。一九九八年除夕，國際佛光會世界總會會長星雲大師發表一篇〈總會長對佛光會的新展望〉文中，大師提出佛光會在二〇〇〇年的重大任務之一，我們要在印度八大聖地建正覺城。正覺城以興辦學校為目標，要解決印度窮苦，拯救印度人心，教育是斧底抽薪的根本之道。

一九九九年佛光山印度佛學院就是首先設立的教育單位，暫以加爾各答禪淨中心為院址，我正逢其時，接下使命。自忖這正是人間佛教回傳印度，也就從教育扎根做起點。禪淨中心位處華人皮廠區，周邊包覆著貧民區，環境衛生條件差，民風文化差距甚大，教化與教育就是首要面臨的課題。

起初的印度，給台灣人都是一次半年的觀光簽證。所謂萬事起頭難，只有抱著置之死地而後生的決心。在他國異地，從大結構理解宗教、信仰、信念、國家、民族、經濟、政治、社會、種姓制度、性別、職業、治安、民情風俗等，乃至生活層面的飲食、語言、交通，及生活習慣等，都是每天太陽升起眼睛睜開時，所要面臨的日常。其實，女性在印度，不論是怎樣的身分，安全問題一直是爭議性的議題，至今也沒有停止過。

話說來自台灣舒適圈的我，突然間要面對這種種的適應，縱非生死關之災難，但也猶如遍野荊棘，葛藤纏繞，落個不自在、不利索。基本的工作環境裡，在那沒有手機的年代，網路傳輸，電力不穩的狀態下，就連家書、報告，傳真或電子郵件傳送，中斷或不成功，可說十之八九。在店家中，每每傳一份文件就弄得汗流浹背，更是家常便飯啊。可以說，那是一段與常住幾乎中斷，音訊杳然的日子啊！

師父上人的「**有佛法就有辦法！**」就是我的萬靈丹，百試不爽。困難挑戰的日子練就自己「兵來將擋，水來土掩」的勇氣、擔當，獨立解決問題的能力也日漸提升。這一切如師父所言：「心甘情願」，也都是「想當然爾！」

第一個半年，返回故里，也不敢說一個「苦」字。師父莫非又讀到了弟子不堪之窘吧？他說：

「你有困難要說啊！我給你一百台電風扇！我給你一百台腳踏車！」弟子又懵啦。

「印度電力是二百五十瓦，與台灣不同，會爆掉……」真的很笨的接腔！

腳踏車固然對印度當地人滿實用，但怎麼送過去？心裡動了念，未說出口：「師父請給我錢，比較方便啊！」

師父有神通嗎？據師兄透露，師父在那一次宗委會，提議為我籌一筆印度佛學院的五萬元美金，做為印度佛學院日用基金。淨財是非常重要的資源，但是師父的慈悲心懷，愛護徒弟之情，溢於言表。

德里大學開大座：「般若的空義」

二〇〇二年，加城印度佛學院的因緣逆轉，卻獲得師父指示，直接就讀德里大學佛學系。深知身負著佛光教團赴笈留學，身處南傳佛教國家為主的國際學僧團中，我乃唯一來自漢傳佛教的比丘尼，在態度上如何能不卑不亢，又能展現謙沖自牧，融入於國際舞台的大眾中，成績及各方面的表現，都必須如禮行儀，慎獨之戒，不可失。

憶起德大期間，最大盛事，莫過於師父上人二〇〇六年在人文學院大禮堂的那一場佛學講座：「般若的空義」。

二〇〇六年十月，師父應印度奧士馬尼亞大學之邀，在奧士馬尼亞大學泰戈爾禮堂舉辦「佛教論壇」，以紀念安貝卡博士打破階級制度的平等精神。我也認為機不可失，能在印度親迎師父上人來到自己就讀的德里大學盛開法筵，實是莫大福報。當時的佛學系主任 Professor Bhikkhu Satyapal，亦是國際佛光會德里大學協會會長，乃奮力號召全德里的南北傳佛教團體，並聯合佛學系越南、泰、緬、斯、柬及韓等外國學生僧團，共商籌備這個活動，成為當時佛學系內師生間最雀躍的盛舉。

其中，以越南學僧團最起勁，積極開會策劃，他們安慰我說：「覺明，你放心！星雲大師不僅僅是佛光山的大師，他更是我們佛教的大師！交給我們就可以。我們會用越南佛門中最高規格的隆重禮儀迎請大師聖駕光臨。」大師抵達德里時，他們已包了兩部遊覽車，在德里國內機場，舉牌、獻花、合掌等，虔誠恭敬之意，令人感動。

德里大學人文學院的中門從來都是緊閉，但這一天，系主任特地為大師向校方申請，開中門迎接師父上人。師生及重要的教界領袖，早已在校園道路兩旁列隊等候。一九二二年德里大學建校以來，這座最具古樸的學術殿堂，星雲大師是第一位佛教大師於此開大座，講演般若思想，是印度佛教界歷史性榮耀之舉。

這是大師訪問印度的第八次，也是他人生中，最後一次到印度。

駐印度臺北經濟文化代表處的高大使及夫人虔誠慎重，率全代表處官員都到場聆聽。這場講座中，爆出一段小插曲，確實是難以想像地發生了。

高大使夫人當日跟我說，當天由她負責將師父從旅館接到演講現場，夫人要我放心處理講演現場的一切安排。我內心仍甚感不安，就先以電話向她的印度司機，確認再三，他是否確實熟悉抵達會場的路況、路線？當然，他保證：「No problem!」電話那頭的音聲是堅定的，點頭如搗蒜。

坦白說，以我的經驗，愈是拍胸蓋印的，愈是讓人擔心，可是，我又別無選擇了。一旦我離開會場，很有可能完全失控造成不可收拾的後果！講演現場是重點，於是留在會場坐鎮指揮場地布置、程序等。在現場每一個人都是指揮，都是意見領袖，我只能在混亂中，堅持原則排除眾議來完成任務。

所有布置中，我認為最重要的就是主講人的座位及講桌。看見印度木匠，釘釘敲敲，訂製一座印度教Guru（老師）的低、平、寬的坐床，並沒有講桌。主任bhanteji說：「大師來就要入境隨俗。」我即刻衝去外面，聯繫及尋找一張可以適合師父登壇的座椅。在大學偌大的校園裡，要張羅到符合規格又不失體統的椅子，並非容易。踏破鐵鞋，終於覓得一張差強人意的鐵製椅子，目測寬度高度，勉強能登大雅之堂，再找來座墊與靠墊，勉強拼湊成一張混搭式的講座椅子。

時間剩不到三十分鐘，傳來消息：大師的車隊迷路了。於是，當機立斷，請司機停止移動，系主任及我，即刻前往接應，事後才知道就在大學城內的某一轉角罷了。

當師父上人抵達人文學院下車處，時間僅剩十分鐘，而大禮堂的聽眾不到百分之十，原來各界人士迎賓人馬，早已擠在人文學院兩側，鵠立等候。只見大師氣定神閒，被引導步入大禮堂，緩緩踩踏老師為他精心鋪就的中間走道紅地毯，登台坐定，剎那間，大禮堂內嘉賓及所有聽眾，竟然也同時坐滿。印度的第一等學府，有星雲大師光臨，倍增莊嚴、巍峨。大師車陣在德里大學城中「迷路」的插曲，成為一時美談。然而，或許這是師父有史以來到場即講的紀錄。至今，仍然覺得神奇無比！

南華。淨華

二〇〇二至二〇一一共計九年時間，獲得德里大學佛學系的碩士、哲碩及博士等三個學位。回到本山常住，師父給我一張白紙，要我寫，能教什麼？我就大膽寫下一堆。所幸，師父並未當場要弟子試教。師父說：「你有兩個選擇：佛光或南華。」再過月餘，弟子斗膽再問：「請示師父，弟子可去哪裡？」師父秒回：「南華！」

大師對南華人的期望「像蓮花般清淨無染」。有一日回法堂銷假時，師父正在書寫：「淨華」，我輕輕一聲：「好莊嚴！」如此專注一筆一心的他，也在眾弟子的七嘴八舌中，認出了是誰說的話。寫畢，師父置下筆，說：「這一幅，送給覺明。」這一幅墨寶是我奉派到南華大學的第二年（二〇一二）得到的。至今，懸掛於學海堂研究室牆壁上。有著師父的字，師父的心及師父的加持力。

弟子與師父的法緣，甚深甚深，非筆墨能書，更難以言盡。佛光法乳醍醐，總是滋養慧命於永恆。師父啊！您是弟子覺明在人間未曾見過最重要的生命貴人。您，永遠活在弟子的心間！

師父教會我的事

覺多法師
公益信託星雲大師教育基金辦公室主任

覺多

沒有師父，就沒有今天的我。

三十多年前，每個週末、寒暑假我都會前往佛光山編藏處當義工。青少年時期，除了學校，幾乎就在編藏處度過。當時不諳經文儀軌，也不熟悉標點、分段，只能幫忙一些如修改錯字、打掃窗戶、整理書籍、查詢字典的雜事，或是背誦《星雲說偈》等，與編藏處的法師、同仁們分享，有時心裡還會嘀咕：「為什麼我沒辦法像同學們一樣出去遊玩？」

雖懵懵懂懂，心智未開，稍有反抗，然而每逢聽聞法師們分享佛經中的故事、師父上人的精闢法語，必心開意解，心想：「啊！這個觀念太好了。」「啊！做人就是要如此啊！」即使回家後，還會思惟故事背後所傳達的涵義。

記得有一次參加普賢寺兒童夏令營，聽到法師們講說「因緣」時，舉例：一棟大樓，要有鋼筋、水泥、木材等很多建材及人力因緣的和合，才能成就遮風避雨的建築；一株植物，要有種子、泥土、陽光、空氣、水分、養分等因緣，才能成就萌芽生長、開花結果。一切的存在，都是因緣條件和合而生起。如果因緣不具足，一切都將歸於幻滅。

聽似簡易的譬喻，如同醍醐灌頂般，開啟了我對因緣法的思惟與體悟。並懂得應用在學校生活，明白與同學相處時要廣結善緣；遇到困難時，也以因緣法面對，好像一切的問題不再是問題了。師父用淺顯易懂、平易近人的方式講說佛法，即使是十二歲小孩也能夠懂。如果是用高深艱澀的詮釋、論述法義，我相信自己現在仍在茫茫大海中迷惘疑惑、輪迴遊蕩。

每逢聞法，總讓心中充滿無限的歡喜，長大後才了解，這就是「法喜」，這就是「法味」。回憶過往，有因緣能夠在師父門下披剃，在佛門中為人服務，與藏經結緣，可說是我此生最有福報的因緣。

正信正念　赴日求學

當時才十六、十七歲的我，文藻語專尚未畢業，因想看看外面的世界，央求父母讓我到日本留學。對家庭而言，是一筆很大的經濟負擔，而當師父得知我有心到日本讀書的消息，為了讓我可以安心前往留學，不讓父母擔憂，竟捎來一筆「西來獎學金」，這是我人生拿到的第一筆師父給的獎金。師父的慈悲與關懷，穿透了獎學金的信封到了我的心靈，成為日後我在菩提道上的精進動力。不到一年的時間就順利考上日本早稻田大學。

對一個十幾歲的年輕人，無依怙地獨自在日本求學，幸而有從小在佛光山編藏處習得的觀念陪伴我，更感謝有師父《往事百語》的智慧法語引導我，陪我度過無數的夜晚。每當面對困境不知所措時，只要想到師父說的「心甘情願」，自忖我是「心甘情願」來日本的；當我對未來無所適從時，想到師父說的「不要做焦芽敗種」，我是為了「弘法度眾」來日本的；當我面臨學習困境與經濟壓力萌生退意時，想到師父說的「永不退票」，我是為了「學習而來」日本的，心中便會升起無比的力量，勇敢面對問題，不要退縮。

師父給予的價值觀、正確的觀念陪伴我度過在日本求學的生活，成為面對困境時的救生圈；師父的法語、佛陀的智慧，早已灌注在我的血液中，在我的生命裡，讓我在正道上服務人群、精進學習，從此不再孤獨，因為我知道，師父一直與我在一起。

香水海

發願精進　赴美西行

完成日本的學習，順利畢業後，適逢師父到日本弘法。師父親切地詢問：「你畢業後想到那裡呢？」回：「我可以回到佛光山編藏處完成編藏工作。」師父問：「你要不要到西來大學讀書呢？」我不假思索回：「好！」就這樣踏上了另一個國度。

我當時只是一位二十出頭的在家青年，所有赴美的手續皆由佛光山傳燈會辦理。多年後才知道，傳燈會是協助佛光山內徒眾派外辦理簽證的單位，捫心自問：自己當時只是一位不懂事的青年，師父怎麼會知道花了那麼多錢送我出國學習，我將來會不會成為一個自私自利的人呢？而且我又不是出家人，也不是入道師姑，師父為什麼願意送我去西來大學讀書呢？無緣無故，師父為什麼要如此待我，更甚於父母呢？

心中的疑問直到多年後從《全集》的文章中才得知，師父是看到了一位小女孩刻苦耐勞的毅力，以及用心、耐煩、務實進取的性格。師父的慈悲與無私令我感到慚愧與汗顏，師父對青年的栽培從不吝惜金錢，也讓我體會到師父包容的心量。

師父常說：「一個人的心量有多大，世界就有多大。」師父因為包容，總能運用各種善巧方便接引眾生，對於兒童，可以透過小故事大啟示、用佛光童軍來善導；對於青年，可以用勵志故事、佛光盃籃球賽、歌詠隊等活動來接引；對於婦女，讚美一位女主人的重要、舉辦婦女法座會等使其攝受；對於政治家，善巧譬喻治國之道、作為領導人的重要等加以引導；對於企業家，講述佛教管理學的方便智慧……。

師父如百寶箱，有取之不盡的智慧，給人安心法門；師父如大海，包容所有的一切而沒有分別；師父如大地，承載了眾生在人間佛教的淨土中悠遊其中；師父如定心丸，遇煩惱困境時，把師父的法語用上，便能迎刃而解。

記得在美國，師父有一次外出弘法，上車前對著我們說：「你們不要看我現在有車子坐，這是走過多少路，今天才有車子可以坐。」師父教我，不要從「果」看，要從「因」修。不用嫉妒他人擁有的，先看看自己做了什麼。

師父度化青年無數，我只是眾中之一。師父為了度化青年學佛，才會無私栽培一個尚未入道的年輕人前往美國受教育。我也因為受到師父慈悲與包容的感召，因緣成熟，發願出家弘法利生。

兩岸結緣　與師同行

因緣不可思議，那年，我從西來大學畢業時，正值師父到美國弘法。師父告訴我：「你身為中國人，對中國文化一點也不了解，到大陸讀博士吧！」師父把我交給了中國社會科學院榮譽學部委員楊曾文教授等大陸知名學者指導，期許我能夠多了解中華文化。

在大陸學習期間，有幾次到上海普門經舍和大覺寺與師父相處。印象最深刻的是有一回師父問徒眾：「你們最喜歡哪位高僧？」有人回答：「玄奘大師」，有人回覆：「鑑真大師」。而我不假思索地回覆：「我最喜歡師父。」

因為我從師父的法語中收獲最多，而師父的慈悲、平等、包容是在歷代高僧中少見的。

每當寒暑假回山，我總會帶回最新出版的書籍與師父分享，並在法堂向師父報告在大陸學習的情形，師父就如同父親一樣，總是親切地給予指導。能夠有一段與師父親近互動的因緣，現在回想起來依然能感受到滿滿的溫暖以及甜甜的滋味。

眾緣成就　法寶傳承

在佛光山，我應是唯一被常住派往日本、美國、大陸的留學僧，在三十歲時完成了博士學位。雖有如此殊勝的因緣，我仍常常感到慚愧，深知若非大眾成就，單憑自身的力量，將一無所成，若非師父慈悲，也沒有現在的我。我時時惕勵自己努力奮進，莫要辜負常住的囑託。

畢業後，承蒙師父派我至佛光會服務，對一位只會讀書的人而言，確實是一個不容易的任務。在讀書的法海中，我自以為自己懂了，到了佛光會才深深體悟到，「『看』時似悟，對境生迷」，重新學習做人、做事，更學會在活動服務中廣結善緣的重要。佛光會的歷練，讓我更深地體悟到立體的、活生生的「人間佛教」，而不只是文字。

師父一直希望佛教中青代之間有更多的交流往來，便於二〇一五年成立中華人間佛教聯合總會。何其有幸，在該會成立後，我因有留日學習的經歷，得以在前往日本、大陸，與各宗派交流時，隨團協助日文翻譯工作。也因熟稔大陸文化以及過去結緣的師長人脈，得以順利執行各項連絡事宜，圓滿完成任務。

中華人間佛教聯合總會前往日本訪問期間，邀請了日中韓國際佛教交流協議會理事長武覺超長老、妙心寺靈雲院住持則竹秀南長老等日本貴賓出席了法水寺落成典禮，希望能增進與漢傳佛教友好交流，此行可說是日本佛教與漢傳佛教交流的史頁。

二〇一五年「第二十三屆世界童軍大露營」於日本舉辦時，常住派我率中華佛光童軍團前往參加，藉由此次因緣，在宗教村認識了世界童軍運動總部（WOSM）世界佛教童軍聯盟（WBSC）主席，並被聘為「大乘佛教顧問」，同時也讓佛光童軍加入世界童軍總部組織的代表之一。

值得一提的是，在推動《獻給旅行者三六五日——中華文化與佛教寶典》簡體字版在人民出版社印製前，曾與相關人員探討本書是否有因緣可在大陸出版？沒想到，出席者其中一位是中國社會科學院的教授，他見我也是出身中國社會科學院，心中便多了幾分善意。因緣不可思議，教授隨手翻開《獻給旅行者三六五日》即看到內容有收錄毛澤東〈贈父詩〉與〈訴衷情〉等文章，開心地表示，這本書當然可以在大陸出版。師父思想之廣闊猶如大海無邊無盡，包羅萬象。最終於人民大會堂發布會時，感動的心情無法言喻，自己能夠成為出版過程中一個小小的因緣，真是無限感恩。

此外，與秘書長覺培法師前往山東洽談師父到山東大學舉辦近六千人講座，以及《人間佛教回歸佛陀本懷》簡體字版的出版事宜，在大陸高等院校宣講佛法本就不易，由人民出版社出版佛教書籍更是難上加難，然而因師父的慈心悲願，以及中國心、中國情的感召，終於獲得大陸領導人的信任，得以傳承中華文化的精髓，師父幾十年來用盡生命弘揚人間佛教，更讓領導階層、大陸人民有機會深入了解佛教的美好，寫下弘法歷史的新篇。感恩有求學時認識的好友相助，更因師父自身廣結的善緣，弘法的大願總能圓滿完成，以佛法滋潤了神州大地。

之後亦參與「公益信託星雲大師教育基金」推動的各項活動，如星雲教育獎、三好實踐學校、星雲真善美新聞傳播獎、全球華文文學星雲獎、好苗子等獎項。任何的開銷總是忐忑不安、謹慎小心使用，因為這筆基金是師父在視力模糊、一筆一畫撰寫出來的「一筆字」義賣善款所得。即使在腦部開刀後的休養期間，每當有人供養大師，便囑咐把善款轉到公益信託。我打從心裡感受到師父上人的慈悲，無私地對人間奉獻，只希望藉此能永續地在人間傳播善美。公益信託創辦至今，已贊助千餘所三好校園，在校園中豎立著「做好事．說好話．存好心」的標語，在師生的口語中彼此讚美，培養有品德的學生等等。師父給我們的三好，不只在寺院，已走入校園，已走進每個人的家庭中，更走到了我們每個人的心中。

我相信這一切都是師父早已安排好的，而我能夠參與其中，成為一個小螺絲釘，深感幸福！

見法即見佛　見法即見師

《稻稈經》說：「見緣起則見法，見法則見佛。」師父於〈佛陀，您在哪裡？〉一文中提及：「原來，不應該在事相上見到您，也不應該是在幻象中見您，您是無形無相，您是在宇宙大化之中，原來，您已經走進了我的心裡。我吃飯，您與我同餐，我行走，您與我同行，甚至睡覺時，我『朝朝共佛起，夜夜抱佛眠』啊！」

一日醒來，也到處尋找〈師父，您在哪裡？〉，原來師父已經走進我的心裡。我與師父同餐，我與師父同行。師父說：「把人完成了，才能和佛相應。」現在我也要努力，要把人完成了，才能與師相應。

見法即見佛，見法即見師。師父即使圓寂，種種的示現、化現，無不讓眾生起信，師父用一生向眾人宣示菩薩道是一條正確修行之路。我更要努力實踐人間佛教，與佛同行、與師同在。

在我四十多年的歲月中，超過三分之二的時光都在佛光山度過，與師父的因緣更甚於生我的父母。師父教會我包容、教會我平等、教會我廣結善緣、教會我與人為善……。師父的教導令我一生受用，言傳身教也已融入我的血脈中，發願要把師父的精神法語繼續實踐，待師父乘願再來。

如佛、如師、如父

妙士法師

佛光祖庭宜興大覺寺都監

妙士

今天是農曆十五，師父離開我們正好一個月了。《金剛經》所說的有為、無為法，在這幾天當中，全化為夢幻泡影，似電光閃爍般那麼的不真實，扎進了心中。跟隨師父出家這三十幾年當中，回憶寫下這片段的記憶，可能只是夜晚星空中的一顆小小行星，也可能是晚霞下那一抹雲彩，歷歷訴說著對師父思念。

如佛

我沒見過佛，天天拜佛、求佛，知道要學佛，這是年輕時的我。師父常常在皈依典禮時，要求台下皈依者要時時稱自己「我是佛」，但當時的我，還是找不到佛在哪裡？都知道在心中、在虛空，無所不在，但遲遲未找到心中那尊佛。

在過往數十年當中，陪伴師父走遍大江南北，所到之處，無不法音宣流，經歷之人，無不如沐甘霖。這期間，我見到師父腿跌斷，堅持上台講經；手骨折，照樣巡工地講開示；眼睛看不到，執意要到工地看工程；發著高燒，卻說我一生「永不退票」，照常會客去；腦部開刀，身上還插著管，對醫護人員宣講三皈依。

我常常問師父，您一生遭遇那麼多磨難，從日本侵華、國共戰爭，到白色恐怖等種種無數困境，到底是怎麼度過的？您總是一句「想當然爾」，又或一句「有佛法，就有辦法」，總是那麼雲淡風輕，不忘時時照亮每位眾生的心靈。

記得有一年，兩岸因種種因緣際會，共同舉辦了佛教論壇，回憶起那次，在溝通過程中，面對種種兩岸問題的窘境時，師父總會說：「為了兩岸兄弟之情，我願化做河水，願做那座橋梁，被人踏過也在所不惜。因為我見過血流成河，經歷過家破人亡，我雖是老邁的身軀，如果能為眾生做那麼點事，我都不願見兩岸兄弟再有殘殺，因為是兄弟啊！」我不禁想到，在經典中亦曾寫道，佛陀為了釋迦族，亦多次往返於拘薩羅國阻止兩國爭殺，因為兩國本就是親眷關係。

這樣的佛陀，這樣的師父，彼時的我，終於知道，佛，在哪裡了。

如師

師者，傳道、授業、解惑也。我不是一位聽話的徒弟，十幾歲到佛光山，帶著叛逆又調皮的習氣入了這大家庭。年輕時的我，以為師父是名詞，只是拜完師，就可以是「師父引進門，修行在個人」，可以做個「自了漢」修行就好，豈料，因緣的接引，讓我這位小徒弟可以那麼沒有距離地親近師父。

從小在寺廟長大的我，只知道見到師父要拜、要給紅包，這是既有現象。但我的師父，是一位出家前，培育徒弟，在最窮時，送徒弟留學；任何人只要發心出家，還可以拿到師父給的衣單、襯錢，深怕徒弟委屈；我的師父，會體諒徒弟辛苦，叫我們要多休息；怕我們出家會與家人斷了聯繫，又常舉辦佛光親屬聯誼會。記得有一次，爺爺往生，師父竟然執意從醫院中親臨爺爺的告別式，不顧老邁身軀，屈身到我這小徒弟家中主持告別式，這份恩情，永生報答不盡。

在三十歲時，有一天，師父要我到美國念書，我堅決不肯，一向師父的交待，我都是先拒絕，師父告訴我，這張文憑不是為你自己讀，你要為眾生讀。我繼續討價還價，我說，那到日本好了，漢字比較多，語言才不會那麼辛苦。師父說：「到日本，以後你只能到一個國家，到美國念書，未來你可以走遍全世界。」就這樣，偉大的師父，培育了我走向世界。

近二十多年期間，長期派駐在大陸，恢復祖庭、建設各地組織等工作。當時年輕，很不解地問了師父，佛光山已經那麼多道場了，為何還要回來建祖庭？大師當時回答：「我是回來報恩的。」我又問：「報什麼恩？」師父說：「師長恩、眾生恩，我從祖庭將法燈傳到台灣，從台灣傳遍全世界，現在，我有責任將法燈再傳回來了。」

就這樣，師父除了教我做人、教我處事、教我建築，一步步地教育我要成為全才的出家人。記得有一次，大師問我：「這個空間有幾坪？」我回答：「約一百坪。」再問：「可容納多少人？」回答：「約一百多一點。」又問：

「廁所幾間？」我回：「八間，男四女四間。」就這樣一問一答後，師父開始說：「如果一百個人，中間休息時間只有二十分鐘，一半的人要上廁所，五十個人也只有二十四秒可以上廁所……」忽然之間，我如醍醐灌頂，原來我的師父，是心細如絲；原來我的師父，永遠將眾生所需要的擺在第一位；原來我的師父，是用身教、言教在教育著我這個愚鈍的徒弟。

原來，我的師父，真的是傳道、授業、解惑也。

如父

一日為師，終身為父。所有天下的父母，無不希望子女成就更多，無不心繫徒弟弘法續命。我的父親走得早，但在師父身上，找到了那份是師是父的溫暖。我的師父，是讓徒弟每到一處新鮮之地，讓我們去親臨體會世間之處，而不是阻止我們去探險的師父，而他老人家，卻是在徒弟玩到夜深時，在家門口等著我們回家的師父。記得幾次到國外，師父都會交待當地法師帶我們出去看看，然後等夜晚回來時，又默默在門上守著我們回來，一句「肚子餓不餓？」頓時融化為熾熱的眼淚流淌在心中。我的師父不會責罵我們回門那麼晚，是一位人間的父親，等待兒孫回家的父親。他擔心著我們的安全，掛念著我們的慧命，安排著我們的未來。

這樣的師父，仰之如彌山之高，潤之如水之深。為父，是位最偉大的父親！

有次在大覺寺跑香，我開玩笑跟師父說：「師父，反正來世也逃不出您的如來神掌了，您就將來世派令先開給我，我好今生準備準備。」師父回答：「來世你繼續當我徒弟，幫我繼續蓋房子。」

「驀然回首，那人卻在燈火闌珊處」，師父雖然圓寂了，但是他無處不在。師父，我這次不拒絕您了，來世再繼續幫您蓋道場，走向人間淨土的道場。

人間佛教，「最好的」佛教

妙凡法師
佛光山人間佛教研究院院長

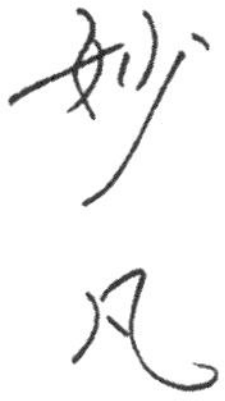

所有的相遇，都是久別重逢，即便是流離失所的歲月，也是依循著過去留下的軌跡，繼續延續新的生命一直到我們「說好的」生命航行的軌道中，遇見。

因此，和師父這期生命的緣分，不是一九九二年來山那一年，而是少不更事的八〇年代，我跟著父母在香煙裊裊，昏暗的宮廟穿梭，從跟著懵懵地拜，到人間清醒地問自己：「我在拜什麼？為什麼沒有任何言說教義？」這些疑問，啟蒙我對信仰的探索，同時，開啟我與師父的起始點：「師父，我來了。」

別人的志願是當醫生、老師、外交官，十五歲那年，我的志願是「我要有信仰」，我莫明其妙地告訴自己，一個好的信仰，可以成熟我的生命以及讓我更有智慧。

二八年華，原是青春正歡，卻老是覺得有一種不知「生，所為何來」的極度空虛，所以一路探索信仰，思考人生。首先，我讀教會辦的學校，參與教會活動三年。一日，學姐催促我受洗，說：「若不受洗，大水來時，上帝的諾亞方舟不會救你的。」雖然我很喜歡教會唱歌、歡樂的氣氛，但是考慮了三天，最終拒絕，一來讀聖經時，心中沒有感動；二來信仰宗教，不應該因為恐懼、害怕而信仰，而是應該因為歡喜、希望而歸屬。而後，又接觸了一貫道，依舊未能如心中所願。一直到遇到佛教「慈悲喜捨」四無量心，心想，若能活成這樣的境界，就是生命大美、大自由了。所以，佛教，就是你了。

什麼是佛教？誰是佛教徒？

由於小說、電影看太多，總覺得高僧大德都在人煙稀少的深山裡，因此，每逢假日，我奔波於山林原野，幽幽小徑，尋尋覓覓「心中理想的佛教」，沿途遇到各式各樣的佛教，山林的佛教、經懺的佛教、求神問卜的佛教、自修養老的佛教……。

這些是佛教嗎？總覺得怪怪的。

到底什麼是佛教？誰是佛教徒？初一、十五吃素，不問世事，求佛保佑事業順利，念佛求往生西方，拿香拜拜，參加經懺法會⋯⋯這些就是佛教嗎？

為了解決心中的疑惑，我報名就讀佛光山叢林學院。記得一日午後，老師在戶外石階上課，當我聽到「因緣」二字時，瞬間，彷彿天光乍現，世界一片晶瑩剔透，所有的存在、所有的問題，都有了答案——「因緣」，亙古今而不變，歷萬劫而彌新。

什麼是「因緣」？師父一生推動的人間佛教即完整、完全地體現了「因緣」的意義與價值——一種尊重和寬容的精神、和平與平等的集體實踐，也是一種自我覺醒的教育工作。這是普世的價值，也是人們心中所嚮往的美好世界。

道在日常生活中，我感謝師父，帶給大家一個正常的佛教，正如一位佛館的義工與我分享：「當義工就是參禪問道，在服務大眾時，觀照內心有沒有平等心、恭敬心、供養心，還是是非分別的心。」

人間佛教，這是我心目中最理想、最好的佛教。

有一次藥石後，和師父、程恭讓教授在佛光山的成佛大道跑香，師父說：「我這一生說給別人聽，寫給別人看的，都是我在做的。」師父接著還說了一個故事，有一位菩薩請燕子將其身上的寶珠、瓔珞銜給需要的每一個人，「一直到身上的寶珠都沒了，菩薩也倒了，程教授，我就是那個菩薩，春蠶到死絲方盡，蠟炬成灰淚始乾。」和風徐徐吹來，一輪明月，光照大千。

搭起一座佛與人之間的橋梁

師父是百年少見的奮鬥僧，孜孜不倦、勤勤懇懇地搭起了佛與人之間的橋梁；把百年的人生歲月，活成了無量壽的時光。他創造性、深刻地詮釋佛教的理念，讓古老的佛教精神在現代社會煥發出讓人意想不到的嶄新智慧之光，讓佛教告別明清以來脫離社會主流，脫離了文化主場，狹隘、閉塞、消極的歷史現象，再現漢唐佛教輝煌燦爛的歷史。

三百六十五冊的《星雲大師全集》是師父一生推動人間佛教的總結，是一部活生生的中國佛教的現代史，也是人間佛教的發展史，今又增編成三百九十五冊，記載了中國佛教復興的百年佛緣，在佛教思想史上豎起一座現代化的豐碑，實實在在地建立人間佛教理論體系，確立實踐修行體系。

「人生最大幸福事，半夜挑燈讀壇經。」有一回和師父討論「人間佛教生活寶典」的編纂，我請示師父：「一般人總以為每天要誦多少經、持多少咒才是修行，師父，您怎麼看這個現象？」他說：「我們不否定傳統的修持，但是最重要的是行經、行佛。」我何其幸運，在師父的晚年，得以近距離常常親近師父、閱讀師父，一次又一次地啟發我對人間佛教的認識與深入的理解，對我而言，師父是一部行動的經典。

在親近師父的歲月裡，我們常常忘了師父是八、九十歲的老人，有什麼事情，老想著找師父問一個標準答案當靠山，師父看透我們的心思，常常提醒：「我已經老了，你們不能老是想要依靠我。」我確實忘了，無常，一直都在。

從二〇一三年起，師父開始交待他離去之後的安排，他說：「我不怕死，也沒有想死，只是想凡事預則立，向社會做一場傳教。」這一場告別，他醞釀準備了十年，與他一生最關心、最摯愛的每一個人，敬之、慎之，隆重、歡喜地說再見。

十方禮讚人間佛教

十年後，二〇二三年農曆元月十五日元宵節，這是家家戶戶燃燈供佛的日子，南宋詩人辛棄疾寫道：「東風夜放花千樹，更吹落，星如雨。」在這一天，我們敬愛的師父如同他在〈真誠的告白〉所言「跟大家告假」了。他說：「在人生的生命之流裡，如同大江東去，終會有再回來的一日；人的生命一期圓滿，還會有另一期生命的開始。」季節有春夏秋冬，人的一生有老病死生，這是生命自然的循環，短暫的離開，是為了繼續人間佛教的弘法事業。師父說：「我願生生世世為佛陀奉獻，為大眾服務，以此上報四重恩。」

在師父的追思會上，我們按照他十年前就已指導的原則，稱念「南無本師釋迦牟尼佛」，他說「自力、自業、自受、靠自己」，「不做經懺佛事法會」，有心懷念者，可以唱頌「人間音緣」的佛曲。尋思師父的一生，早年他寫〈人間佛教的藍圖〉擘畫建設人間淨土發展的思想理念，而〈真誠的告白——我最後的囑咐〉體現其踐行人間佛教的體悟與對弟子修行實踐的殷切叮嚀，而〈我對人間佛教的體認〉的二十點，是他一生實踐體悟的總結，提供給所有踐行者的印心寶典，〈佛光山的未來發展〉則是為未來的佛教發展指出實踐方向。

這段時間，如同《法華經．從地湧出品》，世界各地、各界人士如潮水般來山弔唁、致意，新聞、臉書、微信，認識的，不認識的，真心誠意地書寫、分享他們所見所聞與師父有關的點點滴滴。超過半個月，師父在大陸的百度、奇摩等各種中文網站，持續受到熱搜，各種訊息述說著師父對世界、對人類的貢獻，同時，讚揚人間佛教是最好的佛教形態。

敬愛的師父，您做到了。佛教終於揮別明清以來晦澀、暗淡的不堪，堂堂正正地在世界發光發亮。一九三七年一生倡導人間佛教的太虛大師在〈我的佛教革命失敗史〉中說：「我的失敗，固然也由於反對方面障礙力的深廣，而本身的弱點，大抵因為我理論有餘而實行不足，啟導雖巧而統率無能，故遇到實行便統率不住了。然我終自信我的理論和啟導確有特長，如得實行和統率力充足的人，必可建立適應現代中國之佛教的學理和制度。」

太虛大師的遺憾，當年與他在焦山佛學院駐足相視一笑「好、好、好」的青年僧做到了。從倡導到創立，師父一生「為了佛教」，即便面對黑風羅剎、杻械枷鎖的人事因緣，他依舊面不改色，勇往直前，不怕——「我若向刀山，刀山自摧折。我若向火湯，火湯自消滅。我若向地獄，地獄自枯竭。」回首一生，師父說：「我生於憂患，長於困難，但是喜悅一生。」

師父在人生最後的告別，一如他胸懷法界的生命底蘊，舉辦了一場世界級的「人間佛教」國際大會，如同春天的到來，「人間佛教」一詞，一路繁花盛放於世界各個角落，大家在想念師父的同時，也肯定「佛說的，人要的，淨化的，善美的」人間佛教，是大家需要的佛教。

第二屆 人間佛教 座談會
The 2nd Symposium on Humanistic Buddhism

自覺承擔 傳統佛教生死學轉向

而有別於傳統佛教往生稱念「阿彌陀佛」，師父指示稱念「南無本師釋迦牟尼佛」，他對佛陀的思想信仰，貫穿一生。一九五五年，二十九歲的師父出版著作《釋迦牟尼佛傳》，因為「知道佛陀，才能認識佛教！」感於當時大家對佛教的教主「如來」、「佛祖」、「世尊」、「釋尊」等等稱號莫衷一是，大師以「佛陀」一詞做為統一的尊稱。二〇一五年在他出版的《人間佛教佛陀本懷》提到：「慢慢懂得一點信仰後，我把這許多信仰的對象，不論什麼佛、什麼菩薩也好，我都把他回歸到佛陀，我信仰的是佛教的教主釋迦牟尼佛。」

正如佛陀在《金剛經》展現的般若風光，覺悟的人生，不在西方，而在當下；淨土不在他方，此岸即彼岸。師父說：「從做和尚的那一天開始，就覺得這一生做和尚不夠，來生還要做和尚！」師父的願與行，啟發了千萬佛子，要從逃避轉而擔當，怯弱轉而勇敢，以慈悲心、菩提願、般若智，發願再來人間建設淨土，大大地扭轉，改變了傳統佛教徒發願往生西方的生死學。

「唱歌也是一種教育。」師父說你們想念我的時候，就唱人間音緣。師父認為，梵唄唱誦如同老歌一樣，必須以適合現代人的音樂旋律來接引十方，音樂無國界，經由許多淨化人心的文字、音樂，來啟迪迷茫的人心，師父說：「希望你們把佛教的歌曲傳到社會上，讓大家都能接受。將佛聲傳遍天下，增加信仰的人口，這是很重要的。」以音聲做佛事，透過音樂歌聲傳播人間佛教，他一路走來，始終如一。

花開四季　溫暖人間

我想，許許多多的人都同我一樣，覺得師父未曾離開。從藏經樓往北望去是佛館，往南則是佛光山，觸目所及不論是建築物，還是花草樹木，這些都是師父終其一生，全心全意身心供養所建設出來的人間淨土。如同師父所言：「我的密行，就是對人好。」藏經樓苦楝樹的小紫花開完，接著佛光大道擋土牆上，一排又一排的黃槐樹花、泰國櫻花也在風中搖曳，四季流轉，老病死生，山上一磚一瓦，一草一木，都是師父與我們同行的身影。師父，一直都在。

每次師父出國弘法，我們就到法堂送師父；每次師父回國，我們就到法堂迎接師父，等待電梯打開那一剎那，開心地說：「歡迎師父回家」，如今的每一天，於我，師父只是遠行弘法，當有一天電梯再打開時，依舊是「歡迎師父回家。」我在。

最後，謹以〈您走了，您來了〉作為這篇文章的最後：

疫情，過了。
師父，您走了。
月圓夜，我踽踽獨行於後山，
在靜的不能再靜的夜裡，
以為看不到的盡頭，
突然間，到頭了。

說是到頭，也是新的開始。
每一分、每一秒，
每一個白天和黑夜，
每一個當下，
開始即結束，結束即開始，
從未停止。
我們誤以為自己活在「永遠」裡。
順心如意的，以為「永遠」，歡天喜地。
不如己意的，以為「永遠」，愁憂煩悶。
無常變化，這人、這事、這物，
像流水一樣，嘩嘩啦啦。
現實，只是虛幻的假相，
當真，心，只能顛沛流離。

立春的午後，微風，
我走在後花園的楓香大道，
我看見落葉的尾枝，長出新生的綠葉，
夏秋冬春，老病死生，
您來了，您走了；
您走了，您來了。
師父，您在那裡？
在平行的時空裡，
從地球的一方角落，
開始您新的生命的旅程，
和累生累世的願一樣，
手把青秧插滿天，低頭便見水中天；
身心清淨方為道，退步原來是向前。
勤勤懇懇地播種、耕耘、灑水、施肥，

花開四季，溫暖人間。

您說：
山川異域、日月同天，
寄諸佛子，共結來緣。
我們都是時空的旅人，
宇宙虛空，東西南北，
此生彼沒，此沒彼生，
來世，我會再來人間。
和您、和大家，
胼手胝足一起建設人間淨土，
報到那一天，我會很開心地說：
師父，吉祥！
好久不見。

破銅爛鐵也要打煉成鋼

妙南法師

佛光山叢林學院院長

妙南

最初接觸佛光山道場，我是個宣稱「知識分子不拜佛、不上香」的青年。當時大慈佛社辦理了兒童夏令營，開設一堂「認識水資源」的課程，身為小學老師的我，自詡很會做教材道具，便隨研究所同學前往結緣。想不到就是這一堂課，啟動了我的佛緣。而後有師父上人以他慈悲的春風，教化了根性頑劣的我。

真正的多采多姿在心上

二〇〇五年就讀佛學院，這是一個不曾出現在生命中的選項，我毅然決定離職，告訴學校的同事、校長，要去美國讀博士；家人沒有信仰，我只能寫信報告，於是生命中出現戲劇性的翻轉，我回到了佛光山。此前沒有參觀過佛學院、不認識創辦人星雲大師，對佛學所知甚少，佛學院入學考題，對我更是無字天書，但，總覺得人生應該要為自己好好活一次。

報到後幾週，師父邀請學生吃飯、座談。第一次，我被安排坐在師父上人的正對面，聽著身邊的同學們都翻閱了多少師父上人的書籍，受了多少啟發感動，而宣稱根本沒有要出家的我，只是大膽地問著：「出家和在家都可以幫助大眾，為什麼一定要出家？」師父慈悲地回答：「出家和在家的目標不同，結果自然不同。」

其實我知道自己根本沒聽懂。不過當天師父給了漫無目標的我，第一個重要的指引：「真正的多采多姿在心上。」我愣住了，他不認識我，怎麼知道我總愛靠遊山玩水來豐富生命。後來我躺在佛學院老舊的木板床上，意料之外地睡得特別安穩，好像找了很久的答案就在這裡。直到後來申請出家，老師問我原因，我又愣住了，我一路和家人溝通，卻不知道「出家也要理由？」只知道我的出家沒有家人的祝福，我孑然一身地走了上去，慶幸成了此生最精采的模樣。

風花雪月　不知所云

佛學院二年級時，全班獻上親手縫製的線裝書為師父上人祝壽，每個人詩興大發，用毛筆文情並茂地寫詩、作畫。那一年我們在徒眾講習會日夜期盼著師父會嘉許我們的創意與苦心，終於等到師父說：「最近佛學院的學生做了一本書給我。」正當我們在心裡雀躍著，師父的下一句卻說：「風花雪月，不知所云。」那一句話打醒了我，到底什麼是修行人的使命？原來修行不是裝模作樣地拾人牙慧和隔靴搔癢的陳腔濫調。

佛學院三年級，我提早畢業。當時的我，主動忽略三年的時間中，師父無數次的期勉，依然愣愣地問了傳燈會：「我不知道常住需要我做什麼？」最後被安排在僧伽教育——佛光山叢林學院，從學生至今，除了中間半年參與《星雲大師全集》編撰，沒有離開過佛學院。今天想起來，當時所謂的「不知道」，應該是習氣使然的不想要，是自己一邊宣稱希望理解、傳承人間佛教的真義，卻一邊頑劣得不肯直下承擔。

當師父提示我，為佛教可以怎麼怎麼發展時，我總很理直氣壯地回答：「我還沒有畢業。」當師父說：「您能夠去學校當校長。」我也總說：「我沒有辦法。」而我吵著想要換一個工作單位時，我的師父一次一次聆聽我的苦悶，陪我吃飯、為我開解。感謝我的師父從來沒有放棄我，從不強迫我，因為他默默地呵護，讓當初風花雪月、不知所云的我，逐漸成熟。

今天開始，你要做老大

二〇一七年師父讓我擔任佛學院的院長，我哭得不知所措，卻也知道日夜思念的師父，在重大手術之後，再回來身邊，是多麼難得的福報。我自知沒有什麼本事，但懂得要開始學習做一個「聽話」的弟子。師父看出了我的恐懼，他總是安慰我：「有什麼問題來找我，我會幫你的忙！」

那四年是我最親近師父的時光，每天藥石（晚餐）後，師父總是聆聽我的苦惱，為我解答。有一次，師父談到佛光山開山的辛苦，大雄寶殿的建設受了多少委屈和刁難，結論時，他雲淡風輕地說：「說起來，也是想就有！」我眼睛為之一亮，多好的修行，如果招生也是想就有，那就不必擔憂了。

二〇一八年，師父來佛學院關心學生，他身邊帶隨行客人，跟師生說道：「我帶人來玩啊！」他現場走過的每一片土地，都能細數，哪裡是多少砂石填平？哪裡又是山坑，需要多少砂石？我當時還在擔心著自己是否勝任院長一職，所以隨口一問：「師父，你有沒有想過，你可能不會成功？」我以此暗喻，師父找我做院長可能會「垮台」耶！結果師父突然抬起頭看著我：「做就對了，想那麼多做什麼？」這一份為了佛教的勇氣，至今我常放在心裡警惕自己。

二〇一九年，師父上人經常來大悲殿，說是看新寶橋工程，「要讓觀音菩薩風光風光」，但是我知道，師父在幫我們打氣。當時他跟我說：「妙南！現在你要當老大。」我偷偷地看了一眼妙廣法師，明明就是老二哲學，怎麼變老大？至今才慢慢明白，不管是「想就有」、「玩」、「老大」，都只是為了喚醒我的佛性及直下承擔的勇氣。

人間法界才是殊勝的戒壇

二〇〇九年，出家三年多的我，早已在學院領職，卻一直沒有因緣受戒的我，終於等到了美國西來寺的三壇大戒。於是戒慎恐懼地修持、定課，都希望能圓滿具足出家戒法。來到美國，迎來的卻是師父慈悲讓我們到迪士尼樂園、環球影城的安排。我心中突感衝突，總是嘀咕「受戒很重要耶！」幾天後的小參，我有因緣向師父上人提問：「受戒與迪士尼？出世和入世怎麼融和？」師父輕輕帶過一句不必融和，我直感疑惑。

當年底，師父展開佛陀紀念館的建設，總是帶著佛學院的學生一起巡視，跟我們談他的構想，談哪一個地方「希望有天人出來灑花」、哪一個地方「希望佛陀出來說法」，希望遊客可以搭小小列車出來，沿路法音清流。我的腦子裡突然聯想起迪士尼樂園的小小世界，正是這樣的場景。那一個剎那，我突然懂得了菩薩戒的饒益有情，「將此身心奉塵剎」是經典中佛陀的指引，而我的師父將整個法界人間，都化為人間菩薩的殊勝戒壇。

我的性格上一向喜歡讀經，在擔任院長的初期，我總請示：「師父，要給學生讀什麼書？」師父輕輕地說：「我都沒有讀書耶，我都是做出來的！」我頓住了，這一記棒喝看似無聲卻很響亮。疫情期間的暑假，幾乎不得進出，於是幫學生安排好多應用性、國際文化交流的各種課程，我正要得意說明時，師父也只有一句：「給常住用！」

此時，我終於發現自己身心裡躲著的二乘人，我活在自以為是的「神聖」觀點中，師父則一次次透過人間的、生活的、服務的修行理念，打破自己的顛倒妄想。原來讓佛法從藏經走入人間，去實踐佛陀的慈悲才是真正的神聖。

破銅爛鐵也要打煉成鋼

過去我在師範學校大學受教育、碩士畢業，在台北市的小學教書，十年期間也學習不少教育觀點。來到佛光山，大師說自己沒有受過教育，唯一的教育目標就是「破銅爛鐵也要打煉成鋼」，那一刻我的眼淚竟然不自覺地流下來，原來真正的教育，除了無條件幫助青年學習成長，還要無條件負擔起眾生的生死輪迴，直至成佛。

爾後，我發現凡是教育界所謂的「最新」教育理念，師父竟然都行之有年。教育創新理念談「放下背不動的書包，培養帶得走的能力」時；六十年的佛學院以悲智願行為院訓，觀音的慈悲、文殊的智慧、地藏的願力、普賢的實踐，早已經走出藏經，隨著佛學院的畢業生、佛光山一千四百個出家弟子，行化在人間。

當教育界談跨國際學習，師父早已在五大洲三百個佛光山道場，帶領學生易地教學，喊出「我們的教室在世界」；當教育重視產學合作時，才知道佛光山和佛陀紀念館，除了是我們的後花園，更是我們服務學習的最佳平台。

當教育界談要跨領域學習，才發現佛法啟發了心中的能量後，每一種學習都在跨界——是文化、是教育、是科學、是歷史，更是美學。佛光山的法師都來自叢林學院的培養，於是每一位佛學院的優秀校友，都恰恰是佛光山上令我們景仰的大師兄。若說要做畢業人才問卷調查，我想世界上沒有哪一所學校超越師父創立的佛學院：服務項目最全面、服務地點最國際、自我突破最優質、主管評鑑最滿意、產業創新最快速。

佛教就是青年的前途

每次總有年輕人擔心佛教很落伍，當他們擔心地問師父：「學習佛法，有什麼前途？」師父總笑著說：「佛教就是我們的前途！」分析起來的確很有道理，社會上有醫師、教師、會計師、工程師的培養，在我看起來，所有的培養都不及星雲大師人間佛教培養的「法師」這麼全方位。

記得幾年前，學者來到佛學院參觀交流，十六個國家地區的學生來到大家的面前時，一個教授驚訝地說：「這裡是全世界最國際化的佛學院」、「星雲大師是真的在辦教育」。教授說去好多國家研究佛學教育，發現有些寺廟的辦學名存實亡，有些則侷限在自己的宗門系統當中，「沒有想到星雲大師不分在家出家、不分自家、友寺，平等培養。」學習的過程既是佛法，也是國際文化的交流。

二〇一八年我有緣代表參與兩岸佛學院的教育交流，發表時佛教界有點訝異，一來這個院長太年輕，二來這個院長是女眾、三來佛光山是弘法最現代的僧團，但是教育卻限制得最嚴格：「不能拿手機」、「上網會客都有限制」，傳統誦戒布薩竟然一樣都沒有少。我記得當時有位大和尚，不放心又問了一次：「現在還是這樣規定嗎？」我的點頭，除了教界譁然，我自己也若有所思，原來最開放的思想，來自最嚴謹的生活教育。

銀河掛高空　明月照心靈

二〇一七年師父在手術後，經常讓學生們圍繞在他的身邊唱誦佛教聖歌。當時，師父不願意干擾大家的作息，所以往往在藥石後，就讓大家隨喜隨緣在傳燈樓一樓席地而坐。師父除了談起最初寫詞創作的緣起，也常常幫弟子、學生們拍手喝采，鼓勵我們去辦比賽。興之所至，師父還會幫忙指揮助興。當時師父說：「講經太長，大家會不耐煩。」我如耳邊風聽過，心裡總覺得自己是在陪伴師父說說唱唱，同時讓弟子有因緣親近師父。

一直到師父圓寂讚頌會，我才發現師父不只是〈真誠的告白〉這一份遺囑已經在二〇一三年寫好，就是讚頌會的形式，他都帶我們練習過成千上萬遍。二月六日讚頌會第一天早上，就由學院師生站上去唱誦，因為這一直是這些年似曾相識的場景，不需要再有更多練習，一直就是師父陪伴著我們「銀河掛高空、明月照心靈……」

這幾年，我們時常擔心傳統法會接引不了年輕人，還在想著如何改良課誦程序，結果這個月在師父的舍利堂，我才發覺師父早已自己解決了這個難題。獻花、簡短的心經後，大家便很優雅地坐著，唱誦著自己讀得懂、聽得懂，卻不離開佛教修行的聖歌。歌聲嘹亮中，有著青年佛教靠我的緬懷與承擔，有著信眾道情法愛的傾訴與發願，更有著弟子們不忘初心的不捨與傳燈。

我回想過去上山，很多人擔心我丟掉令人稱羨的「鐵飯碗」，終將「流浪」，一無所有。而今我慶幸自己捨去繁華喧囂，值遇明師，竟讓我享有了

「金衣缽、銀客堂」的佛光山。師父圓寂後，我也擔心地看了看身邊年輕的學生，結果不分出家在家，竟然都在反省自己過去不夠認真，於是懇切發願：「我願意做師父的分身」、「我發願承繼人間佛教的使命」、「我願意出家為僧，繼續為人間帶來清涼光明」，這一刻我震撼不已：

佛低眉，光燦爛，佛光弟子的道骨高聳如山。

我知道師父依然會笑我「風花雪月」，但是師父請您放心，「做就對了」，我已知所云，會為佛教一直努力下去！

借我一道光——緬懷恩師

妙光法師
佛光山人間佛教研究院副院長

妙光

「你是學翻譯的？那你聽得懂我的口音嗎？可以的話就隨我跑江湖，做我的翻譯吧！」二十歲那年，第一次在澳洲南天寺見到師父時，師父聽完住持滿謙法師的介紹後，便對我說了這句話。大學畢業季，當同學們披上學士袍互道祝福的時候，我早已前往台灣佛光山披上袈裟，開始了跟隨師父「跑江湖」的人生。

從小，媽媽就讓我聽師父的《有情有義》有聲書，日積月累的薰習，讓我早早對師父的揚州腔產生了熟悉感。而師父淺顯易懂的說法語言，如一道光照亮了我灰暗的移民生活，在語言障礙及文化衝突的夾縫中，為我指引出一條光明的道路，透過聽聞佛法，幫助我找到內心的力量。我相信，不少遠在他鄉的華人移民，和我一樣，都曾在佛光山的道場得到佛法的溫暖與慰藉。

當我在台上站在師父身旁，專注地聆聽他的智慧法語時，師父幽默善巧的語言更如同一道光，照亮了缺乏自信的我，讓我能夠心無旁騖地將聽到的話，用他的口氣與神情翻譯出來，讓英語人士也能與師父接心。師父無私地將他巨人的肩膀，借給了一個初出家的弟子，為這個弟子的世界增添了無限光彩。

每每想起身為譯者的我，儘管自身的佛學素養尚未具足，卻仍舊能夠透過師父借我的一道光，一起為眾生照亮前方的路，心中便充滿了無限的感激，更不斷地憶起師父每一次用語言徹底改變眾生生命的精采時刻。

能給人幸福與安樂的，就是最好的信仰

第一次隨著師父到海外翻譯，是在二〇〇一年，師父親自率領二十多位僧眾，在美國九一一世貿大樓災難現場為罹難者及生還者祈福灑淨。佛光山是全球唯一得到許可前往現場灑淨的佛教團體，當時現場氣氛非常低迷，廢墟中到處瀰漫著焦味，警察與安全人員冷漠的眼神展現出來的是緊張、不安，以及對我們的陌生感。

師父立刻指導大家灑淨儀式的程序，首先是三稱「南無大悲觀世音菩薩」，接著是〈大悲咒〉及〈祈願文〉，並以獻花取代上香。說明完畢，師父

轉頭對我說：「等一下我怎麼講，你就怎麼翻譯。」我心想：「當然是這樣啊，翻譯不就是如此嗎？」但是又有點疑惑，為什麼師父要強調這句話。

儀式開始時，周圍近百位警察和保安人員都㧅著手，一副不置可否的樣子觀察著我們。但是當到了〈祈願文〉的時候，作為譯者的我心裡預期的開頭是：「慈悲偉大的佛陀……」但是師父說的竟然是：「慈悲偉大的耶穌、上帝、默罕默德、阿拉，還有佛陀。」當下我立刻愣住，眼看著我沒有接著翻譯，師父喊了一聲：「不是跟你說，我怎麼講，你就怎麼翻譯嗎！」我馬上驚醒，開口翻譯：「O Great Compassionate Jesus, God, Muhammad, Allah, and Buddha...」聽到這句話的瞬間，周圍的警察和保安人員個個都把㧅著腰的手放了下來，身體微微向前靠攏。師父接著說了第二句話：「請您保佑您的子民，您的信者，讓他們在您的天堂、您的花園，您的淨土都能夠安息，讓亡者不再恐懼，讓生者不再難過。」聽完第二段翻譯，許多人開始掉眼淚。

灑淨儀式接近尾聲時，有些警察走過來向師父低頭合掌，說：「現在的我們心中充滿了恐懼與不安，而我們不是佛教徒，您願不願意保佑我們？」

師父二話不說就向他們揮動了手中的楊柳枝，還加了一句話：「God Bless You.」（上帝保佑你。）

當時的我感到震驚又困惑，心想：「我們不是佛教徒嗎？為什麼要用別的宗教方式去安慰別人？」在回程的巴士上，師父察覺到我的疑惑，便告訴我：「你不要以為我們出來是為了弘揚佛法，這個時候，佛教若不能給予眾生感受到幸福與安樂，那我們等於沒有來過。」

第一次出國做翻譯便得到了師父授予的震撼教育。此行不僅永生難忘，也讓我看見了師父平等無私的精神。原來，能給人幸福與安樂的，就是最好的信仰。

無緣大慈，珍惜每一份未來緣

在台上的師父，永遠都盡心與聽眾互動、接心。而在師父身旁所看見的光景，永遠是滿場歡喜信受的發願、虔誠合十的感謝，以及熱淚盈眶的感動。師父說話有幾個特點：第一，層次分明；第二，淺顯易懂，讓人容易聽得懂，記得住，做得到。句句直指人心，句句都有翻轉生命的能量。所以在翻譯的過程當中，我總是提醒自己要專心聽師父講話，仔細觀察師父的神情與動作，再轉過去面對觀眾時，就要把自己當作是師父在跟大家講話，以求完整表達師父的精神理念。

二十年來，我跟隨師父在各種場合翻譯，從來沒有翻譯不出來的情況，但是有一次，卻令我震撼到開不了口。那是二〇一六年國際青年生命禪學營，菲律賓光明大學應屆畢業生Lady Anne向師父說：「我們向您保證，十年後，所有光明大學的畢業生都會努力弘揚人間佛教；都會將自己所學用在促進世界和平的事業上。」當時站在台上的我想：「你還要讓師父等這麼久嗎？那師父或許只會簡單回應：『謝謝你。』」

沒想到師父卻對這個女孩說道：「如果我活不到那一天，來世我會再來看你們！」這句話如雷貫耳，令我拿著麥克風的雙手開始顫抖，眼眶泛淚，當場哽咽到無法繼續翻譯下去。師父看我不作聲，便問身旁的慈惠法師，怎麼了？我一急，便帶著哽咽的聲音，用力地把師父的話翻譯出來：「If I dont live to see that day, I promise to come back and see you.」不只是Lady Anne和光明大學的同學，在場的禪學營學員、佛學院師生、義工及常住大眾無不激動落淚。

師父的慈心悲願，重如泰山；師父的生死無畏，輕如鴻毛。這是一位十六歲小女孩與一位九十歲大菩薩的一場對話。這是一份感恩，一種感動，更是一場跨越時空的承諾。人生三百歲，不僅是在有限的時間裡成就無量的事，更是將一期的生命拉長到無限的永恆。盡未來際，結未來緣；心裡有眾生，願意為眾生服務，此生便已無盡。

中華佛教文化寶典，翻譯遍傳五大洲

我們都知道師父出版的著作，不著重銷售量好不好，而是重視全世界多少人能夠看到這些有意義的文字。其中一個醞釀在他心中五十餘年的夢想，就是讓全世界的旅館裡不只有聖經，也可以看到一本佛教聖典。因此他在二〇一五年帶領法堂書記室編出了一本《獻給旅行者三六五日——中華佛教文化寶典》，內容有八百多條佛教偈語、經典、古人及當代文學的至理名言。

我記得當師父拿到這本書的時候，他講了一句話：「我的心願終於實踐了，現在全世界旅館可以看到這一本佛教的寶典。」說完便停頓了一下；師父說話很善巧，他知道我站在後面，接著又說：「可是這本書只有中文，若是要讓全世界的人都看得懂，要有英文翻譯才行。如果有英文版，我的夢想會更加地完整。」當時的我聽了這句話，只有腦袋嗡嗡作響。為什麼呢？

這本書收錄唐詩宋詞、佛教經典、當代文學以及師父重要著作，涉略的領域非常廣博。以我的中文程度，想要將其翻譯成英文，簡直比登天還難，我怎麼可能承擔這個不可能的任務？旁邊的妙凡法師見我猶豫不決，便輕輕將我往前推，說道：「師父在等你發願，你趕快跟師父說你要將這本書翻譯成英文版。」而師父也很有耐心，又說了：「這確實是一個很重要的事情，很需要有英文翻譯。」接著便不再說話了。

我想，這一生若要報答師恩，至少應該從開口響應他的慈心悲願做起，於是我便鼓起勇氣：「師父，我是妙光。是不是我們把這本書翻譯成英文，就可以讓佛教寶典走向全世界了？」我本來以為師父會說：「很好！你就去做吧。」結果師父卻說：「好啊！那你準備花多少時間完成？」我心裡盤算，八百多則的詩詞歌賦，如果一天翻譯三則，差不多要一年的時間。可是師父通常是以最快速的方法完成一件事情，要是說一年，肯定會被打回票，於是我直接打對折，向師父說：「六個月好不好？」師父聽了便轉過頭說道：「六個月？你為什麼要那麼浪費時間？浪費生命？一則不就四行字嗎？四行字看一次就翻譯出來了，你為什麼要用六個月？」糟糕！眼看已經是騎虎難下的局面了，於是我就再打對折，我說：「師父，那三個月好不好？」他說：「什麼三個月？一個月就給我翻譯出來。」當下我的心情，簡直是晴天霹靂，深深相信自己這次可能會開空頭支票了。但是師父一生都奉行永不退票的理念，只好用力回答：「好的，師父，我會努力！」

在這個過程當中，有兩個值得我好好思考的問題，第一就是我對師父的信心是否足夠？因為師父從來不會信口開河，他對所有的數字、空間、時間，距離，都有精準的盤算，所以他會講一個月可以翻譯完成，就一定有可能做到。第二，如果我真的要做的話，我該怎麼做到在一個月內完成這項不可能的任務呢？

當我回到辦公室籌措解決辦法的時候，在美國出生的知悅法師很開心地跟我分享他發現的雲端科技，可以讓大家在一個檔案上同步翻譯、潤稿、校稿，找資料等。這將會大大加速翻譯團隊彼此溝通校對所需要的時間。「有佛法就有辦法。」原來師父告訴我一個月內要完成，就是在教我要懂得用智慧做事。

於是我們運用雲端的科技，召集了三十多位翻譯與編輯人員，大家每日二十四小時不間斷地在雲端分工合作，翻譯、討論、修正、校對、更新，再校對。當這八百餘條詩詞歌賦，散文金句全部翻譯出來時，正好是一個月。當時真的覺得不可思議，可見相信師父的智慧，依教奉行，集體創作，沒有什麼事情是做不到的。

有了這次經驗，二〇一四年我主動向師父請命將《佛光大辭典》翻譯成英文，師父聽了便對我說：「只要你肯發心，我都樂見其成。」這一次，我沒有猶豫，也不再畏懼。只要想起師父說過的：「有發心就有發展。」我便能繼續藉著師父在人間留下的這道光，用語言滋潤眾生的法身慧命，用翻譯為法水長流五大洲貢獻一點微薄的心力。

將此身心奉塵剎，利樂一切諸有情

過去六年裡，在師父腦溢血開刀之後，能見到師父的次數變得少之又少，但是弟子們卻時時刻刻能感受到師父就在我們的身邊。因為師父總盡他所能地思考：「我還能為你做什麼？」

這令我想起電影《眾神的山嶺》裡，天才登山家羽生丈二的故事。羽生一生堅持的夢想就是完成冬季珠峰西南壁單人無氧登頂的不可能任務，但卻在衝鋒的關頭銷聲匿跡。最後，故事的主人翁在接近攻頂時找到了羽生的遺

體。即使體力用盡，生命走到了盡頭，他仍舊挺身背靠著山岩，右手平放在彎曲的右膝上，被雪冰凍的眼神依然鋒利而堅定地望著聖母峰頂。在他留下的日記裡寫著他登頂的堅持：「腳走不動，就用手爬過去；手爬不動，就用手指撐；手指不動，就用牙齒咬過去；牙齒不動，就用眼瞪出一條路！眼睛也不動了，已經無計可施就用想的！全心全意想吧！」

我們敬愛的師父何嘗不是如此？在過去數十年與病為友的日子裡，經歷了急性的風濕關節炎，雙腿差點要鋸斷，四十多年的糖尿病所導致的手抖與眼底黃斑部病變，視力剩下不到百分之一，最後又因腦溢血開刀治療。但是他心繫著佛教的未來，忍住色身的病痛，從未停下弘法的腳步。就如同羽生丈二對於登頂的毅力與堅持，當雙腿無法走動了，師父就坐著輪椅遍行五大洲。當眼睛看不見時，就用手寫出近百萬幅的一筆字為眾生祝福。當耳朵聽不見時，就用簡潔的話語為眾生鼓勵。當六根用到極致時，便用他全部的生命，在病榻上陪伴著我們，將色身化為無聲的語言，為我們說法。只要師父在，我們就安心，只要師父在，我們就有力量。這就是師父對於弘法利生的毅力與堅持。

二〇一九年，當師父為七百多位海內外短期出家戒子開示時說道：「我已經九十二歲，眼睛看不到，沒辦法走路，是一位殘障的老人，但是我願意用生命保護你們。」師父的一生都用生命供養著眾生，這樣的一位人間大菩薩，用色身示現，帶著我們走進人間佛教最極致的實踐之峰。每每想到這裡，都不禁想至誠頂禮。師父慈悲無我的度眾宏願，弟子願生生世世緊緊追隨，永不退轉。

如今我在口譯上雖然暫時「失業」了，但是師父的法身遍滿虛空，文字般若隨處可見。身為弟子的我還有很多師父的文字可以翻譯，透過筆譯的耕耘，願與師父的法身同在，與師父的慈心悲願同行。我這一生最大的福報，就是跟對了師父。願未來能將師父的著作都翻譯成西方人士看得懂的書籍，讓他們也能親自品味法樂，體會人間佛教的真善美。

醞釀半世紀　創報一念間

妙熙法師　人間福報社長

妙熙

年少心願

星雲大師十二歲出家，從小在資訊封閉的傳統寺院裡成長，佛學院也不許學生看報紙，讓求知欲旺盛，又關懷社會的青年僧，實在難以滿足。於是，學生們都想辦法偷看，並進行文字上的創作。

一九四五年，大師十八歲在江蘇焦山佛學院讀書時，編了一份自己專屬的雜誌，訂名為《我的園地》，每月出版。這跟一般的雜誌一樣，有發刊詞、社論、講座、議論、散文、小說、新詩、隨筆等。

大師也嘗試向外投稿到鎮江的各個報紙副刊，「命中率」頗高。大師說：「他投稿的第一篇文章是〈鈔票的話〉，描寫鈔票被不同人使用的感覺，如富人、窮人、小人物、地位高的人。沒想到，文章竟被報紙刊登出來。」受到鼓勵後，第二篇〈平等下的犧牲者〉、〈一封無法投遞的信〉、〈勝利聲中應有的自覺〉以及各種新詩作品等都陸續上了報。

焦山佛學院有「佛教界北大」的美譽，學生們的文章既有佛法哲理又兼具文學性，很受當時鎮江新聞界青睞，因此紛紛邀請他們擔任報紙副刊編輯。

大師也接受了《新江蘇報》的邀請，擔任「新思潮副刊」編輯。後來到了徐州，為《徐報》編「霞光副刊」。甚至在宜興的溧陽，與智勇法師合編《怒濤月刊》，連當時最具權威的《海潮音雜誌》在兩年的各期刊物中，都連續介紹《怒濤月刊》，主編大醒法師下了一個很大的標題說：「我們又多了一個生力軍」，給予非常大的鼓勵。文藝僧青年一路走來，醞釀了大師辦一份報紙的心願。

大師二十三歲來台，在艱苦的環境下創作，出版各種書籍，佛光山的文化刊物從每十天一次的《覺世旬刊》、到每月出刊的《普門雜誌》，各類文化出版刊物種類多樣，直到一九八八年台灣報禁開放，讓埋藏在大師心中的願望有了一線曙光。

流言蜚語

一九九九年，台灣經歷「九二一大地震」，人心脆弱，正需要心靈重建，大師也在最艱困的時刻，決定創報，以文化和信仰安撫台灣這塊土地。

當時，台灣報業看似百家爭鳴，榮景一片，事實上正面臨著山雨欲來的競爭，如報風以腥辣為主的《蘋果日報》，已籌備登台；網路電子媒體興起，蓄勢待發，都讓台灣傳統媒體站上了備戰狀態。

嚴峻的大環境下，星雲大師以出家人身分喊出，要辦一份毫無羶腥色的媒體時，不僅報業專業人士不看好，就連自家信徒也紛紛來電表達憂心。

那一年，佛光山剛接辦南華大學，宜蘭佛光大學也在整地，美國有西來大學，蠟燭已經燒了一邊，如果再來辦報，燒錢燒人，確實困難重重。

甚至還有人輕蔑地說，許多媒體的背後都有財團支持，佛光山背後有財團支持嗎？

流言蜚語接踵而來，仍然打擊不了大師辦報的決心，創辦如火如荼地進行著，首先是報紙的名稱要叫什麼？大師寫下幾個報紙名稱之後，讓大家自由票選。最後，《人間福報》代表了「人間有福報，福報滿人間」的意涵，獲得最多票數，脫穎而出。

大師與相關人員緊鑼密鼓開始籌備，並指派當時正在寫博士論文的依空法師擔任社長兼發行人，採取與友報合作的模式辦報，省下許多額外開支，資源共享，達到雙贏。

到底要和哪一家媒體合作？在諸多選項中，大師最後親自拍板選擇了由王惕吾先生創辦，以「正派辦報」為宗旨的《聯合報》。

到目前為止，《人間福報》與《聯合報》兩報之間的合約，沒有繁文縟節，而是以彼此誠信為重，相互尊重，各自發展。

人員調度

除社長依空法師外，大師指派依淳法師擔任總經理，永芸法師擔任總編輯，調永懺法師擔任發行，普門雜誌的妙普法師也前來籌備，佛學院剛畢業的學生也陸續前來報到，讓陣容更加完備。

大師原本定調二〇〇〇年五月十六日，佛光山開山日創刊，因此大家心想還有半年可慢慢部署、從長計議。沒想到，大師一句話：「過年先試報吧！」農曆年前大家都在忙，沒有兵將，誰來編報啊？軍令如山，只能依教奉行。

對於報紙編輯相當陌生，於是當時《聯合報》副總編輯涂明君安排了該報編輯前來協助，為這份理想報紙「接生」。

第一次試報時，手忙腳亂，直到晚上十二點，看到印著《人間福報》的報紙，一張張從印刷機裡快速印出，那種興奮，很難言喻，也許這就是新聞魅力的所在吧！

試刊成功後，不待春節，大師決定開春後兩個月，即四月一日創刊，眾人譁然。此時，不能僅靠《聯合報》編輯了，於是大師決定將本山書記室的書記們，如覺涵法師、妙廣法師、妙蘊法師、妙開法師、如常法師，以及剛畢業的學生妙真法師、妙鎮法師等近二十位法師，全都調度到台北，投入戰役。

創辦前夕，二〇〇〇年三月二十七日，大師與聯合報暨民生報發行人王效蘭共同主持《人間福報》與《聯合報》印製合作條約簽約儀式，由當時《人間福報》社長兼發行人依空法師、《聯合報》系總管理處副總經理王文杉代表雙方簽約。

三十一日上午，於台北道場舉行創刊茶會，現場來了佛教、道教、一貫道、基督教等代表，以及國際佛光會中華總會總會長吳伯雄、行政院新聞局長趙怡、台北市長馬英九、台灣生命線創辦人曹仲植、日月光企業董事長張姚宏影、人權協會理事長柏楊、人間福報總主筆柴松林教授、聯合報系董事長王必成、聯合報暨民生報發行人王效蘭、總管理處副總經理王文杉等一千餘人與會。

頭版創舉

四月一日《人間福報》正式出刊，一份以推動社會祥和、淨化人心為職志的綜合性報紙躍然於世人面前。當時每天出版三大張，共十二個版面，頭版有別於其他媒體，不以即時要聞取勝，大師定調為「奇人妙事」。

以「奇人妙事」做頭版，在媒體界可說是破天荒的想法，如同不看好《人間福報》創刊般，各方意見也很多，包括老報人陸鏗都力勸大師不要做這麼無謂的嘗試。大師說：「我一生走過許多地方，看見各式各樣的人物，也對新奇的事物感到好奇，報紙不該只給讀者有限的資訊，世界上有趣的新聞太多了，每個人一早就能閱讀到美好的資訊，一整天的心情都會很快樂。」報紙發行後，此舉竟引來熱烈回響與同行的競相效法。

不僅如此，大師還特別開設專欄「迷悟之間」，每天撰寫一篇文章在頭版刊登，之後每三年一個主題，如「迷悟之間」、「人間萬事」、「星雲法語」、「星雲禪話」、「星雲說偈」、「星雲說喻」、「人間佛教學報・藝文」，持續二十年從未間斷，可說是創舉。

傻瓜精神

《人間福報》創刊於二〇〇〇年四月一日，很多人不理解，為什麼選在西洋愚人節這一天？大師說要效法「愚公移山」的傻瓜精神。

大師以鸚鵡救火為喻，有一天發生森林大火，濃煙密布，野火燎原，動物四竄。此時，有一隻鸚鵡從遠方飛來，口銜小桶來撲火，其他動物語帶同情地說：「別傻了，森林何其大，火勢如此猛烈，你這隻小小的鸚鵡如何滅火？」

鸚鵡義正詞嚴：「災難時每一個人都該盡心盡力，只要我有心，不斷地銜水，不相信無法把火熄滅。」

長時間耗力下，在鸚鵡精疲力盡之際，牠的慈心悲願終於感動天神，天空突降大雨，將森林大火熄滅了。

媒體報導羶色腥吸引讀者，敗壞社會風氣，辦《人間福報》猶如鸚鵡銜水，力量微小卻有力挽狂瀾、捨我其誰的使命。鸚鵡救火，那一份豪情壯志、慈心悲願，才真是滅除森林大火的重要因素。

佛教有歷史以來，曾經辦過許多雜誌、學報、旬刊等，但沒有辦過日報；縱使有人辦，也在短短幾個月內就結束了。所謂愚人的精神，是鍥而不舍，《人間福報》秉持的正是這份努力不懈的堅持。

弘法服務

晚清，中國積弱，文人感時憂國，辦報救國，每以文章喚醒人民愛國情操，如梁啟超的《新民叢報》、《時務報》，張季鸞的《大公報》等，都是文人濟世的典型。

台灣媒體，因國共戰爭，國民黨政府來台，除主流平面媒體以黨政軍為主，如《中央日報》、《中華日報》、《臺灣新生報》、《臺灣新聞報》以及《青年戰士報》等。

文人辦報關注的是匡時濟世，不擅經營，往往入不敷出。工商勃興後，逐漸走向企業經營，相對弊病隨之而起。一旦報紙被過度包裝，報紙在商人手裡成了賣錢的工具，其內容可想而知。

而星雲大師以宗教家身分來創辦《人間福報》，是以宗教家淑世利人的情懷，辦一份服務眾人的報紙，他的理念宗旨是「弘法服務」，即為實現「人間有福報、福報滿人間」的人間淨土。

師父的一句話

妙蘊法師
香海文化事業有限公司執行長

妙蘊

他們就像我的孩子一樣

一九九六年師父上人創建的嘉義南華大學首屆招生，所謂「校區」，就是那棟四周都是黃沙土，室內還充滿著油漆味、不是每間教室都有課桌椅的成均館，而校園也是放眼黃土裸露，山風吹來黃沙起舞。註冊日師父帶著考上研究所的我們，在成均館二樓右邊的一間臨時會議室裡，臨時拼出來的會議桌上，慎重地將我們交給校長，說：「他們都是我的徒弟，就像我的孩子一樣，請你務必嚴加管教。」霎時玻璃窗外被風捲起的黃沙，彷彿飛進了眼裡。

日後校長果然在課業上很「嚴加管教」，我們卻甘之如飴，時時記著做為星雲大師的「孩子」，如同師父在入學前教示的：「不能想著學校是我們創辦的，就以為擁有特權，要能主動，做比別人多的事，吃比別人多的苦，要讓人感動。」

「像我的孩子一樣」——師父的一句話，幫助彼時在學業、道業上資糧不足以致磕磕絆絆的我，安然走過南華的歲月。從此師父有意無意對我說的一句話，也成了我的一句偈，銘記在心。

我就是為你忙啊

研究所畢業，分發回宗委會，還不熟悉常住運作機制的我，每天守著只有自己一人的辦公室，頭緒全無，百般思索不得其法，於是寫信給師父報告坐困愁城的心情。早上八點把信送到開山寮交給侍者，才一回到辦公室還來不及落座，就接到師父來電：「妙蘊，我現在就要去看你。」還在不可置信的狀態中，五分鐘後師父來了，我甚至還沒回過神，呆到不懂得幫師父開門，一杯茶也沒有請師父喝，一張椅子也沒有請師父坐，師父將就坐在沿牆而做的矮櫃上，始終和顏教示：

——「要多讀書」，師父沒有指定我非要看什麼書，他說：「偵探的書刺激想像力；散文培養美感，優美文句的運用；好的小說可以看出作者的組織能力，時間啊、空間啊、對話啊、人物個性啊；就是批判我們的書也可以看，知己知彼。」——

「在這個單位，就是要做佛光山的眼、耳、鼻」，師父沒有提到舌、身，我於是知道，現階段只要多看多聽多觀察。

——「要發心寫文章，你要發心成為佛光山的一枝筆」、「有什麼困難都可以找我」、「要有自己的想法，但要跟我討論」……。

——「要跟上我大大小小的每一場會議」，宗委會兩年，我在那些會議裡，看見了師父的有教無類和觀機逗教，看見了師父的慈悲包容、一腔熱血不畏權勢、真誠殷切不分彼此、與時俱進，甚至先於時事、幽默化解每一個針鋒相對……。

我從師父各種面向的身教言教中，體解師父心思的細膩和柔軟，一天清早為請示事情直奔開山寮，進法堂後發現不對勁，平時只要師父在山上，這時都該門庭若市充滿了請示的各級人員了，怎麼今天只有師父和長老師兄在用早齋？

後來才發現法堂門口貼一張紙條，含蓄寫著為讓師父休息，請示的人先預約之類的；但我已經闖進去了，只好上前請罪：「師父！對不起，我沒看見門上的條子。」

旁邊的長老師兄說：「沒看見條子，也沒看見師父忙到現在才用早餐嗎？」

饒是如此，長老師兄還是拿著還沒用完的早餐離席，把位子讓出來給我，師父此時才開口：「剛才他說的話，請你不要見怪，他是為我好。」師父啊！我感謝長老提醒都來不及了，您是師父，大可以訓我一番的，更何況是「請」字呢！

法務倥傯的師父，只要從外頭弘法回山，眾人一定是歡喜簇擁，請示的，請安的，請法的，常常角落有一個個子小小的、安靜等著擠一個空檔請示的我，但多半都是見師父太忙，因而悄悄地來又悄悄地走，不帶走一片雲彩。

久了師父約莫也察覺，有一次開會中場休息後要回如來殿梯型會議室，他摒退眾人，說：「我和妙蘊走路去。」跟隨在師父左後，沿著雲居樓側前的上坡路走，師父說：「你不要客氣，有事可以來找我。」我說：「師父，我怕您太忙了。」

「哎呀！我就是為你忙啊！」師父的聲音裡帶著微笑，溫柔而厚實。

「哎呀！我就是為你忙啊！」——再剛強的心都抵不住這麼溫暖的一句話，它出自弘法腳步不曾停駐、一年繞地球不知幾圈的師父，鐵樹雖然千年才開花，總有開花時；再冥頑的眾生，也有開竅的一天。彼時接近黃昏的金色陽光，灑在往如來殿的上坡路，一路金燦彷彿佛光照耀，我覺得簡直要和師父一路走到某個淨土了，不愛哭的我哭了，一哭起來就講不出話，在心裡大聲回答：「師父！我不要您為我忙，讓我為您忙吧！」

我不做逃兵

二〇〇〇年《人間福報》創刊，法堂書記室全體都分派到各版面，但因完全沒經驗，因此每版暫時先「配備」一位有經驗的外請資深主編。只有頭版「奇人妙事」是顛覆傳統的版，沒有什麼資深主編當靠山，我何其「幸運」被分派到這一版，不會編報紙赤手空拳地領命而來，本來就心慌，拿到沒有前輩輔導的頭獎，這下連手腳卻都慌了，此時師父說：「我來當你的助理。」

好！這下真的要坐困愁城了，我擁有了一位助理，但是這位助理叫星雲大師，頭版原有的名額還能爭取到一位能實際幫忙的人，這下師父要當助理，我能叫我師父做事嗎？

基督教耶穌有一位門徒叫彼得，在還沒具足信心之前，有三次不認主。我很慚愧彼得上身，常常用自己淺薄的想法來定義師父，而忘了他是「短衣短褲上學校，從不遲到一分鐘」的師父；忘了他是「千金一諾上棲霞」的師父。往後幾年，他不但是「助理」，而且是千手千眼的助理，全球奇人妙事報章雜誌、書籍資料，在師父的號召下，從世界各地的別分院源源不絕地提供而來，他從沒忘記自己的承諾。

在《人間福報》每天不間斷，持續寫了幾年的奇人妙事，中間時而生起轉換跑道之心，都因當時環境因素而遭打回，有一次抱定「不惜父子反目」

的決心，心想這次一定要爭取另外的學習因緣，遂以雷霆萬鈞的氣勢去找師父「攤牌」，自認頗有浩蕩赴前程的悲壯情懷。

招呼我坐下後，師父先問我：「大家（指書記一室，也是福報編輯部）都好嗎？」「很好，師父不用掛心。」後又問：「奇人妙事稿子有困難否？」我想到創報之初師父說「我來當你助理」的話，回師父道：「沒有困難，師父您一諾千金，是最了不起的助理。」在台北道場十三樓宗務堂，師父坐在他那張集飯桌、辦公桌、寫字桌、開會桌……於一體的大桌子前，晨光照在他臉上，他瞇著眼、眼神溫和卻十分篤定地說：「我不做逃兵。」

我一時忘了自己的雷霆萬鈞和悲壯情懷，也跟著說：「師父，我也不做逃兵。」師父讚許地點了點頭，然後說：「好，去吧！」

在那個晨光和煦的早晨，師父和我有了一個美好的約定，不做逃兵，永不退票，不忘初心。

後話

「佛以一音演說法，眾生隨類各得解」，師父的一句話，也許別人看來感受不深，對我來說，每一句話都有它的因緣，也影響我至深，有些甚至是我在修道路上的座右銘。一句話不只是一句話，它時而如甘露、時而像雷震——

如果我有一點點體諒他人的心，感恩師父；
如果我有一點點放下我執的心，感恩師父；
如果我有一點點慚愧懺悔的心，感恩師父；
如果我有一點點反躬自省的心，感恩師父；
如果我有一點點結緣惜緣的心，感恩師父；
如果我有一點點勇往直前的心，感恩師父；
如果我有一點點堅定不移的心，感恩師父；

如果我有一點點佛教靠我的心，感恩師父；

師父給一句話，弟子千言萬語也無以為報，只有戮力以赴，報師恩於萬一。

我生命中最最重要的貴人

妙益法師
佛光山日內瓦會議中心監寺

妙益

師父！是我生命中最最重要的貴人！若不是師父的廣結善緣，極力爭取，二十多年前，我可能早就因加護病房一位難求而一命嗚呼！若不是師父以身教言教，讓我在面對人生一道一道關卡時，有佛法為依歸，我絕不可能屢仆屢起。師父！不僅賜予我法身慧命，我的色身，也因師父而得以延續。師父！讓我這本來不被看好的生命，卻開展出如此不一樣的人生。師恩，何其浩蕩！

師父捨報圓寂之後，雖然理上明白見法如見佛，見法如見師父，但心中止不住地思念。在每一次的讀書會，每一次開示，每一次與義工座談分享，發現自己每一次發言都是師父說、師父說。腦中浮現的也都是過去親近師父的點滴，我知道自己是多麼想念師父。想念師父時，總是靜靜地一遍又一遍聽著師父親誦的《佛光祈願文》。師父的音聲，充滿了溫暖慈愛，在悲傷中，安定了弟子的心；在想念中，撫慰了心中的落寞。師父教導弟子的、給予弟子的，太多太多。過去每一次寫信給師父，每一次見到師父，總是想表達弟子對師父深深的感謝。但一次一次，卻都覺即便用世間最美的文字及語言，都無法表達感謝於萬一。師父捨報後的晚課時段，總大聲誦念師父的〈真誠的告白——我最後的囑咐〉。誦念時，就像師父不斷不斷地囑咐我們，無形中也幫忙自己整理情緒，得到師父的慰勉與前進的力量。

過去，在師父面前總像長不大的小孩，解決不了的問題，都想著問師父一切就搞定。師父捨報後，突然之間意識到日後不可再有藉口，要更加勇敢，要更加有承擔力了。我知道，心中有人間佛教，繼續行人間佛教，讓人人得幸福安樂，是師父上人所樂見。只是我也不斷心懷慚愧地問自己，雖然發願做師父的分身，但自己真有資格及條件嗎？師心師志真的如實了知，如實踐行了嗎？大家都說師父法身常在，自己有與師父的法相應，真能見到法身嗎？

過去不論是每一次親近師父，在師父身旁學習，或是遠在海外弘法，透過師父的書與師父接心，都是與師父最直接最深刻的連結。每每遇到困境或想念師父時，總將眼睛閉上，把師父所教導的一幕一幕、一字一句於腦海中再次播放。又或拿起師父的書，一讀再讀。師父捨報後我亦如是，若沒有師父從不間斷的慈悲誘導，此生的我會在何處浮沉呢？

出家受戒後不到二個星期，身體就因為不明病毒的侵入，與胰臟β細胞同性相斥，導致胰臟壞死，因酮酸中毒而進加護病房。後來雖然在昏迷七天六夜後，奇蹟式地醒轉，但當醫生宣告未來需一輩子打針吃藥，且要隨時注意各種併發症的「事實」時，這無情的宣判，讓我的心直接盪至谷底。「為什麼？為什麼？感冒和許許多多的病都有好起來的時候，為什麼偏偏我得的是這種永遠都好不了的病？」雖然嘴上強辯能面對，但內心卻也經歷如癌症病人知道病情後的六個階段——震驚、否認、憤怒、憂鬱、討價還價，最後不得不接受。原本出家有著鴻鵠之志、想展翅高飛的我，沒想到還不知如何飛，就已折翼。我是如此年輕，卻如此沒有尊嚴地在身上被插滿各種管子，大小便溺全需假手他人。我只想要拿杯水來喝，可是費了九牛二虎之力，好不容易摸到杯子邊緣，手卻連握的力氣都沒有，杯子應聲而落。我只是想跟正常人一樣行走，奈何腳如千斤重，上下都須輪椅輔助。醫生說因酮酸中毒，腦細胞嚴重損傷，以前最自豪過目不忘，現在卻什麼都想不起來也記不住。

當我從醫院回到常住向師父銷假時，我惶恐地問師父：「面對未來，弟子該怎麼辦？」師父慈悲地鼓勵我：「妙益，你要別人不把你當病人，自己要先不像個病人。」這句話如醍醐灌頂，讓我在人生暗夜中，見到曙光。從那天起，我告訴自己：「從今日起，要擦乾眼淚，不可再為自己的病掉下任何一滴淚。」師父再說：「妙益！病會對你有幫助的。」直至現在，雖然病痛仍日日夜夜跟隨著我，但因為師父這麼強而有力的話，我總是比別人早起，總比別人多做各種準備，以便在即使身體有不適時，仍能不耽誤常住工作，而且能夠隨眾弘法。就如師父說的「我在眾中」，我能在眾中是多麼幸福，是多大的福報。後來我也如實體會師父所說：病會對我有幫助，深深覺得這是佛菩薩給我的禮物。因為，佛菩薩希望我能改掉傲慢、任性、虛浮、以自我為中心的習氣；因為佛菩薩希望助我一臂之力，讓我成為更好的人；因為佛菩薩希望我成為一個真的能擔負如來家業的出家人！師父常說：「妙益！我們是病友！」一般人提到與「病」的相關字眼，總是避之唯恐不及，但每每聽到師父呼我為「病友」時，我都會開心地笑了起來。因為雖然慈悲、智慧、願力都與師父相去甚遠，但至少還有一點與師父相似，因為我們是病友。累時、痛時，我就會想：如果我會累，那比我大那麼多歲的師父，一定更累；如果我會痛，那比我大那麼多歲的師父，一定更痛。但師父以病為友，以忍為力，以身教言教示現，做弟子最好的榜樣。師父不是「呷教」的和尚，我也一定不做「呷教」的弟子。

出家後就抱著到海外弘法的心願，但常住及大眾擔心我的身體，如何在他鄉異地存活？若臨時有狀況，該當如何？面對其他阻礙，可以想辦法說服，但面對大家發自肺腑的關心，我卻步了。為了不讓大家擔心，只有捨棄夢想，轉換跑道。就在整裝待發，將前往新單位就任時，突然接到師父來電，請我速至法堂。見到師父，本來想告假，表示即將啟程去報到。沒想到師父的一句話，讓情勢馬上來個急轉彎。「妙益！你可以去美國了。」「真的？假的？」「大家都反對你出國，因為怕你的身體不堪負荷，但我告訴他們，我贊成你去。」得以一圓夢想的激動，讓我向師父再三感謝：「師父！

您一直都是我生命中最重要的貴人！」但師父卻說道：「這哪是我在幫你？要謝就謝你自己，是你自己幫了自己。因為你做自己的貴人，做事如拚命三郎，一點都不像個病人，所以大家會幫你，人必自助而後人助之。」能至海外弘法，當然是師父的功勞，但一向「無我」的師父，卻還是把功勞歸給了徒弟。師父常叮囑：「光榮歸於佛陀，成就歸於大眾，利益歸於常住，功德歸於檀那。」師父也為此四句偈樹立最佳典範。自己能一路從美國洛杉磯、關島、南灣，接著回台在《人間福報》服務，又橫跨至歐洲的荷蘭阿姆斯特丹、比利時安特衛普、奧地利維也納、德國柏林及瑞士日內瓦等地弘法，師父的諄諄教誨：「做己貴人」、「自己不要把自己當作病人」等，都一路陪伴著我，讓我度過一個又一個的考驗。

只讀過一個月佛學院的我，問師父：「為什麼別人可讀四年佛學院，去佛光大學、南華大學讀碩士、博士，可是我好像都沒此因緣？」師父笑答：「我也沒讀過呀！我都在『做中學』，我相信你也可以做中學。」此後我善思惟如何「做中學」，因為師父說我可以。自學了各種法器、唱誦、典座，如何化緣且化心？如何成為最佳知賓？如何度青年及學者。而從小對寫作並不熱中的我，也因為在師父的篇篇文章裡，感受到文字的力量及所帶來的甚深感動，加上師父的鼓勵：「我希望你成為佛光山的一枝筆。」這使得在小學就被作文老師貼標籤「寫寫議論文還可，抒情文或散文就別想了」的我，有勇氣與動力嘗試以前想都未曾想的寫作。師父！開啟了我文字的生命！

師父總是激發弟子學習的熱誠，以及給予充滿力量的鼓勵，常常在自己都不相信自己可以的情況下，因為師父的信任，而能勇敢突破自己。二〇〇五年在西來寺的某一天，師父對我說：「妙益！我希望你回台負責《人間福報》。」我瞠目結舌回答：「師父！我不是學新聞專業的，也沒任何經驗，我怕搞砸了。」師父再說：「我說你可以，你說呢？」我聽後釋然哈哈一笑說：「師父，我已經跟您說我不是專業也沒經驗，您卻說我可以，那您的賭注比較大。好，弟子願意學習。」師父又說：「因為是我找你的，我會幫你。而且我發現你非常有新聞眼，一定可以勝任。」這一句話，讓我的心馬上安定了下來。我不知自己有沒有新聞眼，師父如是說，所以我學習細細觀察身邊所有的人事物，希望真能培養出新聞眼。在福報學習雖然短短的一年，但師父教我的實在太多太多。

記得有一次，師父對我說：「我今天心情很好，所以想送你一個最好的禮物。」我一聽大喜，禮物誰不喜歡？而且還是師父送的。師父接著說：「我樂意送你，可是要看你願不願意接受。」「師父送的，弟子當然歡喜接受。」「那好，我今天要直指你的缺點！」啊？最好的禮物是直指我缺點？我愣了一下，但眼淚隨即掉了下來，師父是何等人也？他願意指出我應該改進之處，是身為弟子多大的榮幸！他說：「我就知道你會接受，會勇於認錯、改過，所以才願意告訴你。」這些對我是多大的肯定！至今永遠感念師父給予我「丟醜」的訓練，誠如他的教誨：敢於認錯，勇於改過，從錯誤中汲取教訓，成為進步的動力，才能讓自己愈來愈好。

二〇一五年，在柏林佛光山為除夕夜辭歲普佛、燒年香等活動忙至半夜，才睡三個多小時，準備起身再為初一各項活動做準備時，突然收到法堂書記室主任妙廣法師傳來的訊息：「師父聽了你的報告之後，想請你幫一個忙，請你轉告青年們，不一定要他們為佛光山做什麼，而是我們能為他們做些什麼？」這一句擲地有聲的話語，如振聾發聵，頓時讓我睡意全消，有幾分鐘的時間，腦子被震得一片空白。「醒」過來後，真的更如實了解：難怪師父能廣度五大洲的人，能夠不分男女老少，不分中西海內外，任何一人，聽到如此誠懇溫暖的一句話，如何能不被感動？師父「行」人間佛教，是如此地展現在方方面面，總是以人為本，從人所需來考量，而且是如此無我、無私與平等。在除夕夜前夕向師父拜年之際，也一併向師父報告柏林佛光青年們因為來到佛光山，人生因此大轉變，充滿希望與未來，表示受之於佛光山如此多，所以請我代為向師父請教：「他們能為佛光山做些什麼？」這件事成就了一則發人深省的公案！

我曾經問過師父：「不管身在何時何地，都能夠感受到師父對弟子的關心，以及所給予的無數寶藏，師父為弟子做了那麼多，那麼師父希望弟子能為您做些什麼呢？」師父未曾給與答案，但從師父要我幫忙轉告青年的這句話，我好似從中找到答案了。其實，如同諸佛菩薩並不需要我們禮拜，但眾生需要藉由禮拜昇華自性，進而降伏我慢，淨化內在世界。師父也不需要弟子為他做些什麼，迷時師度，悟時自度，師父已經給了我們這麼多，所以必須自己問自己能做什麼？

過去常常聽到許多有機會與師父見面的人，談起與師父種種，總是眉飛色舞，喜不自勝。但這不足為奇，還有更多雖無緣見到師父的各界人士，不管是中國人，還是德國、荷蘭、比利時、法國、英國、瑞士等國的人士，即使沒能親近師父，都不約而同地說：「縱然語言不通，但聽到師父的音聲，看到師父的法相，就能感受到師父的慈悲與願力，景仰、敬佩之心油然而生。」在師父捨報圓寂後，我聽到、看到的感動事例更多了。我看到師父在每個人不捨的臉龐中，在每個人道不盡感念的口中，在動人心弦的字句中，在每個人感恩的心中，彷彿進入到華藏世界裡，師父的影像重重無盡。而隨著一行行層層疊疊的影像，我更看到一盞盞綿綿相續的慧燈不停地傳遞下去。

歐洲友寺的法師曾說：「好羨慕大師手把手地教導你們。」我聽後，鼻頭一酸，心裡湧出陣陣感動回應道：「何止是『手把手』，師父是用『生命』

在教導著我們弟子啊！」師父說生命要發揮到極致，所以說自己年邁的心境是「春蠶到死絲方盡，蠟炬成灰淚始乾。」師父捨報後，我感受到的卻是絲仍未盡，淚也未曾乾，師父的法身，仍是那麼努力地在度每一位眾生。

行文至此，再憶師父，再次止不住淚水與道不盡思念。《大勢至菩薩念佛圓通章》云：「若眾生心，憶佛念佛，現前當來，必定見佛，去佛不遠。」對弟子而言，師父就是人間的佛陀！所以，我悟到了：只要晝夜六時，我憶師父念師父，進而行師父之所行，跟隨師父的腳步，則必定所做所為，都能去師父不遠。學著學著，能夠愈來愈靠近師父思想的高度，與師父心心相印。然後，能底氣十足地說：「師父，一直都在的！」此後，無法再寫信，再親自跟師父說那永遠道不盡的感謝。來不及感謝的，我要用行動做出來！

我知道，若我心中有師父，師父就無處不在！如同二月五日那一晚，點點繁星，好像是師父在對我說：「妙益，不需悲傷，師父一直都在。」而十七日晚，從台灣參加圓寂讚頌典禮返日內瓦，迎接我的，也是滿天星斗。二十日，唱著惜別歌，將師父的覺靈蓮位化掉跟師父跪別時，一架噴射機劃破天際，直衝雲霄，好似告訴我：「勇敢向前！向前，就有路！」當一切圓滿時，看到天上的雲，依然陪伴著我。師父！一直在守護著大家。

月圓，星在何方？

蕭碧涼師姑
佛光山大慈育幼院院長

蕭碧涼

元宵月圓，
為何不見原本最亮的那顆星？
我仰天探問，
星在何方？
是您不記得我了嗎？
我對您沒齒難忘！

我初上山
您望我能安住身心，自會法樂無邊！
我安住四十三個寒暑，無悔亦無怨。
我笨拙，
您卻說我是人才；
我習氣重，
您卻只看到美德；

我說我熱愛圖書館，
您卻要我擴大來愛佛光山，
愛佛教，
愛眾生！
我試著愛，
努力地愛，
發願來世繼續愛。

您說，若肯擴大服務範圍，
很多弘法利生的事業等著你。
我依教奉行，
從育幼到扶老、
從校園到高牆、
從平地到山林、

從家庭到社區、
從島內到海外。
我東跌西撞，撞出了膽量，
我南奔北闖，闖開了視野，
您在前披荊斬棘，
我在後俯身撿拾滿園花果。
驀然抬首，
您卻無蹤？

曾經，
您是叢林學院院長，
我是育幼院院長，
一樣的院長，不一樣的院長！
您不以為意，

眾人卻亂了，
所幸，
智者解了難題：
您成為永恆的大師，
我則是永遠的老師。

物換星移的常與無常，
總在不經意間忽現忽滅，
我仰天而歎，
一顆明星對我眨了眨眼，
我笑了，映在您的笑裡！

國家圖書館出版品預行編目(CIP)資料

星雲大師的身教與言教：弟子如是說/心保和尚, 依空法師, 慧傳法師, 永平法師, 永光法師, 永固法師, 永文法師, 滿謙法師,滿潤法師, 滿觀法師, 慧顯法師, 慧屏法師, 慧知法師, 慧專法師, 覺念法師, 覺培法師, 覺誠法師, 覺具法師, 覺容法師, 覺居法師, 覺明法師, 覺多法師, 妙士法師, 妙凡法師, 妙南法師, 妙光法師, 妙熙法師, 妙蘊法師, 蕭碧涼作；依空法師主編. -- 第一版. -- 臺北市：遠見天下文化出版股份有限公司, 2023.05
面； 公分. -- (社會人文；BGB552)

ISBN 978-626-355-198-5 (平裝)

1.CST: 釋星雲 2.CST: 佛教 3.CST: 文集

220.7 112005878

社會人文 BGB 552

星雲大師的身教與言教——弟子如是說・卷一

作者 — 心保和尚、依空法師、慧傳法師、永平法師、永光法師、永固法師、永文法師、滿謙法師、滿潤法師、滿觀法師、慧顯法師、慧屏法師、慧知法師、慧專法師、覺念法師、覺培法師、覺誠法師、覺具法師、覺容法師、覺居法師、覺明法師、覺多法師、妙士法師、妙凡法師、妙南法師、妙光法師、妙熙法師、妙蘊法師、妙益法師、蕭碧涼師姑
策畫 — 高希均 王力行
主編 — 依空法師

總編輯 — 吳佩穎
責任編輯 — 張立雯
封面暨版型設計 — 張議文
內頁排版 — 邵麗如
圖片提供 — 佛光山

本書由遠見天下文化與佛光文化共同出版

遠見・天下文化事業群
出版者 — 遠見天下文化出版股份有限公司
創辦人 — 高希均、王力行
遠見・天下文化 事業群榮譽董事長 — 高希均
遠見・天下文化 事業群董事長 — 王力行
天下文化社長 — 王力行
天下文化總經理 — 鄧瑋羚
國際事務開發部兼版權中心總監 — 潘欣
法律顧問 — 理律法律事務所陳長文律師
著作權顧問 — 魏啟翔律師
社址 — 臺北市104 松江路93 巷1 號

佛光文化
出版者—佛光文化事業有限公司
發行人—心培和尚
社 長—滿觀法師
發 行—佛光山文化發行部（07）656-1921#6664 ～ 6666
佛光文化悅讀網—http://www.fgs.com.tw/index.php
法律顧問—舒建中、毛英富律師
登記證—政院新聞局版台省業字第862號

讀者服務專線 — 02-2662-0012 | 傳真 — 02-2662-0007；02-2662-0009
電子郵件信箱 — cwpc@cwgv.com.tw
直接郵撥帳號 — 1326703-6號 遠見天下文化出版股份有限公司

製版廠 — 中原造像股份有限公司
印刷廠 — 中原造像股份有限公司
裝訂廠 — 中原造像股份有限公司
登記證 — 局版台業字第2517 號
總經銷 — 大和書報圖書股份有限公司 | 電話 — (02)8990-2588
出版日期 — 2023年 5 月10日第一版第1次印行
2024年 5 月30日第一版第7次印行
定 價 — NT500元
ISBN— 978-626-355-198-5
EISBN — 9786263552005（EPUB）；9786263551992（PDF）
書 號 — BGB552
天下文化官網 — bookzone.cwgv.com.tw

天下文化

BELIEVE IN READING